罗素

唤起少年中国

亲历中国丛书

Bertrand Russell

1920

上海辞书出版社

“亲历中国丛书”总序

千年以来，中国一直吸引着全球关注的目光。作为闻名于世的礼仪之邦，自古就以“有朋自远方来，不亦乐乎”的包容心态，接纳过无数来自世界各地的朋友。无论是千年前的零星游客，还是百年来的传教士、学者或者大师，他们先后见证了中国古代的辉煌、近代的落寞和当代的崛起。他们经历了从好奇、探究、兴奋、赞叹，到幻灭、深思的心路历程，最后形成了专业的海外中国学。不知不觉中，这些亲临中国的朋友本身也融入了中国历史的长河。

从五四时代起，有一批文化名人不远万里，亲临中国，足迹遍及大江南北。他们通过讲演、谈话和著述，带来新学说，传播新思想和新观念，让我们不但有幸目睹他们的风采，从而进一步激起了中国人与世界沟通的愿望，并开始思索中国的发展道路。这些来华的文化名人中有美国的杜威，英国的罗素、萧伯纳，印度的泰戈尔，法国的萨特……他们是大师，是世界名人，更是中国人民的朋友。他们多年来关注中国的思想文化的发展，关注中国的历史命运。在我们彷徨不定的时候，他们为我们指点前程；在我们遭受异族侵凌的时候，他们为我们呐喊奔走；在我们取得成绩的时候，他们为我们欣喜鼓掌。他们的到来，本身就是一种热潮、一种力量。他们的每一次来访，都曾在中国产生很大的影响，成为当时的重大文化现象。他们坚定的目光、自信的话语、超人的学识，曾经感动过中国的文化名流，也曾激励过中国一代又一代的热血青年。

是的，他们与中国密不可分。或许他们的观点并不能让所有人接受，但历史会记住他们的真诚。

我们收录这些大师的讲演、著述和谈话，记录他们在华活动的行迹，选录当时及之后的种种评论，试图以此重构这些历史画面。我们愿以此来纪念这些文化名人，以进一步推动中国与世界的文化交流，这就是我们编辑这套“亲历中国丛书”的目的和意义所在。

亲历中国丛书编委会

2014年6月

目录

序　罗素与中国

罗素是五四时期继杜威之后，来华讲学的又一位大家。

伯特兰·罗素（Bertrand Russell，1872年5月18日—1970年2月2日），英国哲学家、数学家和逻辑学家。生于英国贵族家庭，1890年进入剑桥大学三一学院，1903年任三一学院研究员。1908年当选皇家学会会员。1910年任三一学院逻辑和数学原理讲师。1916年因参加反战活动受起诉而被三一学院解职。1918年因发表反美言论而坐牢6个月。1920年5月至6月访问苏俄，1920年10月至1921年7月访问中国。1938年被聘为美国芝加哥大学哲学访问教授，1939年被聘为美国加利福尼亚大学哲学教授。1950年获诺贝尔文学奖。1961年，因参加反核示威以90岁高龄坐牢。罗素一生著述颇丰，主要贡献在数理逻辑、自由教育思想和和平主义思想这三方面。

罗素曾在访华结束之后，于1922年出版《中国问题》一书。

罗素的访华日期是1920年10月12日至1921年7月11日。罗素访华虽然比杜威晚了一步，但他的影响并不在杜威之下。如果说，"五四"知识界迎来了两位贵客的话，一位是杜威，另一位便是罗素。杜威与罗素曾在湖南见面，他们的哲学观念不同，甚至可以说是各自的劲敌；在个人交往上也谈不上喜欢对方，但这并不妨碍他们在重大问题上的立场，比如1937年日本侵略中国时，他们曾联名发公开信和宣言，严厉谴责日本侵略者的暴行，并向国际社会呼吁和平。杜威曾多次帮助过罗素，为迎接罗素访华，杜威专门作了《现代的三个哲学家》的讲演；罗素在中国病重时，杜威也曾帮忙寻医问药；乃至后来罗素赴美讲学遇到麻烦，杜威又站出来为罗素说话，颇有“我不赞成你的观点，但我会拼命维护你说话的权利”之风。巧合的是，罗素与杜威于1921年7月11日同时离开北京——罗素回国，杜威赴山东访问。

邀请罗素来华的是梁启超，他的邀请函于1920年5月发出。罗素来华前，他的不少著作，如《社会改造原理》《政治理想》《自由之路》等均已有中译本出版，报刊上也发表了不少介绍他的文章，以及他一些重要著作的梗概。加上杜威的介绍，罗素尚未踏上中国的土地，就已被誉为“新时代的大哲”和“世界哲学泰斗”。北京还成立了“罗素学说研究会”，出版《罗素月刊》。

罗素来华之后，也作了“五大讲演”，分别题为《哲学问题》《心之分析》《物之分析》《数理逻辑》和《社会结构学》。讲演地点大多在北京大学，只有《哲学问题》1920年11月14日之后改在北京高等师范学校举行。听众多达1 500人，场面十分热烈。除了这“五大讲演”之外，罗素还马不停蹄地在上海、杭州、南京、长沙、保定等地作了多场讲演。

《哲学问题》，罗素本来有专著问世，他在讲演中也有所发挥。他从“现象与实体”出发，深入浅出地讨论了唯心论、唯物论的来龙去脉，以最新的科学发展为依据，着重探讨了物质、心理、真理等问题，对于“别有新声于异邦”的中国知识界，无疑如久旱之后逢甘霖。

《心之分析》也是一个系列讲座，几乎与《哲学问题》同时举行。顾名思义，这个讲座的内容倾向于心理学。罗素着重介绍了本能、习惯、欲念、感情、记忆、想象等心理学范畴的问题，并介绍了弗洛伊德和荣格的最新理论。

《物之分析》，则着重介绍了相对论和量子论。由于这部分内容相对艰深，能听懂的人不多，因此讲演次数相对少一些。

《数理逻辑》是罗素的专长，他介绍了数理逻辑的一些基本概念，可惜只讲了两次，因罗素患病而匆匆结束。

《社会结构学》或许是中国听众最感兴趣的，但罗素并没有从中国的现实政治着眼去谈“社会改造”，而是偏重于理论上的阐发。不过，罗素的这个讲演即便是对当今的中国读者仍不乏启发意义。

毫无疑问，当时的中国的听众对罗素是失望的。

正如罗素在1920年10月18日的一封信中指出的那样："他们不要技术哲学，他们要的是关于社会改造的实际建议。"尽管罗素曾经表示，他来中国，并不是研究中国哲学，而是研究中国社会状况，但刚来中国的罗素，显然无法给中国听众急切关心的问题提供一个满意的、现成的答案。对报纸上出现的罗素主张教育和实业而非社会主义，陈独秀曾给罗素写信询问，但没有收到回信。毛泽东在湖南听了罗素《布尔什维克与世界政治》的讲演，同样也感到失望。在1920年12月1日写信蔡和森的信中说，他对罗素的主张的评论是"理论上说得通，事实上做不到"。

罗素在题为《少年中国之男女》的临别讲演中，多少为中国的未来有所指点，他充分肯定"少年中国"的进取精神，认为"现在中国的青年，颇富于进取的精神，是件可喜的事"。对于西化问题，他认为"中国人要不去专事摹拟西方的方法，始可为自己的国家或世界图谋幸福"。在谈到如何对待中国旧文化时，他又重申："既不要盲从西方的文化，也不要保存中国残留的文化。"他主张中国办教育、办实业，提倡爱国精神、公共精神和民主精神。

罗素回国后，曾在英文报纸发表了不少文章，阐述了他的中国观。1922年，他在经过半年的思考之后，出版了他唯一一部关于中国的专著《中国问题》，全面而系统地阐述了他对中国的看法，又一次呼唤中国重视实业、重视教育，呼唤"少年中国"的崛起。与此同时，他又立足西方立场，谈了中西文化的对比和中国人的性格，该书集中体现了罗素在中国问题上的人文关怀和社会关怀，以及代表现代知识分子社会良知的终极关怀。

《中国问题》一书，对后世的中国研究影响颇深。中国问题专家C.P.菲兹杰拉德评论该书具有"犀利而又敏锐的远见卓识"，"无论从哪种角度看，它都是一部出色的著作"。曾经为"从罗素"而不顾一切去英国的徐志摩，收到罗素赠书之后，也撰写专文予以赞赏。孙中山先生则在1924年初撰写的著名的《民族主义》一文中，评价罗素是真正了解中国的为数不多的几位西方人之一："外国人对于中国的印象，除非在中国住了二三十年的外国人，或者是极大的哲学家，像罗素那样的人，有很好的眼光，一到中国来，便可以看出中国的文化超过欧美，才赞美中国。”

罗素本人也十分重视这部著作，曾在晚年（1966年）将它重新出版，并撰写前言。

罗素访华，给中国留下的回忆还不止这些。此外还有他的关于社会主义、关于中国的国粹、关于西化的观点，曾引发了五四时期著名的思想论争。比如他的访华，备受英国当局的阻挠；比如他并不像杜威那样与妻子、女儿同行，却是带着一个尚未结婚的情人；比如他在寒冷的冬天作演讲，坚持脱去外衣以示礼貌，却因此重病一场，甚至读到了自己的讣告；比如他游览西湖时看到轿夫“含笑”而发出的感慨，而引起了鲁迅先生的评论；比如为他做翻译的赵元任因随他在中国各地旅行而发现自己的语言天赋进而成为语言学的一代宗师……最主要的是，罗素给中国留下了太多的思考。

罗素对中国的态度一直十分友好，自幼便从父辈的藏书中了解并向往中国文明，他曾于1922年表示“愿为中国竭尽微诚”，曾不断撰文“为中国请愿”。在国际问题上，始终站在中国人民一边，谴责列强尤其是日本帝国主义对中国的侵略行径，并曾在1962年中印边界问题上，担任中印双方的调停人，受到周恩来总理的高度赞扬。

与此同时，几十年来，中国人民也十分尊重这位“铁肩担道义，妙手著文章”的一代哲人。几十年来，罗素的重要著作也在中国有了译本，甚至多个译本，在中国深受欢迎。中国著名翻译家傅雷曾翻译过他的《幸福之路》。

本书收入了罗素的“五大讲演”中的《社会结构学》，节选了《中国问题》中的几个重要章节。此外，本书还收录了几十年来中国对罗素的几篇评论。

我们谨以本书来纪念罗素访华，纪念罗素对中国人民的友谊，纪念这段丰富的历史，献给当今的中国读者。

编　者

2014年6月

社会结构学

讲演

一　世界纷乱的原动力

今天所讲的这个题目《社会结构学》(The Science of Social Structure),请诸位不要把它当作从前定的那个题目《社会改造原理》(此题曾在报上先期露布)看待,因为社会结构学并不告诉我们要怎样改造社会。它是一种科学,用科学的方法来研究社会怎样结构来的:考究社会的变化与社会结构有怎么样的关系?原来,社会变化也有它的本质和自然的公律在内,并不专靠人类的愿望。虽然在实在现象上,人类愿望也有改变社会的力量,可是人类愿望也是自然现象的一种。所以,我们对于这个社会结构要用科学的方法来研究它。

我现在于讲演本题之先,有几句重要的话要申明的:就是关于社会问题的研究,是要先看明自己的态度如何。我自己的态度怎样,这是我现在要说明的。我是相信共产主义的一个人,我以为如果共产制度与实业制度并行起来,则人类的幸福,必可大大地增进;而科学、艺术等亦必可以进步发达,为从古以来没有那样的好,这是我很相信的。我又相信马克思氏所主张的社会主义。他说有一句很有价值,很可注意的话,可是这句话,他的多数门徒却把它忘却了的。就是:“社会变化”是自然的现象,有自然的公律,如果违反了这个公律,则非失败不可。我们如以为有这种的关系,那就要把共产制度与实业制度并行,世界上要实

罗素

业发达才能实行共产制度。照历史上看来，基督教也主张共产制度，也想到乌托邦（Utopia），然而他们都完全失败，就是因为没有工业的原因。假如现在中国政府下一道命令，实行共产制度。结果还是不过一道空命令，共产制度还是不能实现出来。因为现在的中国工业固然不发达，而许多的习惯是与共产主义相反对的；以前所领受的训练有许多的与共产主义不合的。所以，虽然有政府的命令，实行共产制度还是无效的。这也并不仅中国，世界上无论哪个国家的政府，它所作的事业，没有不为国内各种现象所限制的。而工业的限制，尤不可违犯，如果违犯了它，那无论什么政策都是不行的。

讲到社会改造问题上来，我们不要问什么是好，什么是有利益的？要问到实在情形如何，改造它的方法是怎样？近来勃拉克女士在这里讲演的"政治思想与经济状况"是说些过去的情形，我现在要说的，却不是关于过去的情形，是要说现在和将来的社会情形。因为谈到现在和将来的社会问题，要先明白现在社会和将来社会的实在情形怎样，才能知道要用怎样的方法。

以上所说的，是这个讲题的引子，现在要说到本文了。

现在社会问题中重要的，就是要寻出现在世界紊乱的根本原因，原动力是什么东西？将来要用何种方法才能平定这个致乱的原动力？

我个人常常考察有史以来各种扰乱的现象，觉得有许多是循环的状态，不过一回有一回的不同，九九归原又复循环起来。正像着听唱一个调子，唱起来一次高一次，所用的乐器也慢慢地加多，快慢、激平也有变换。有时激越迅速达到最高的度数，又平缓下去。一会又回复起来，从头又新唱起。我们假如专看这个调子是好像没有用、没有理由的，但是若把全部调子合拢看来，便知道中间有一定的变化，社会变化也和这个一样，现在世界也许是一个调子唱到最高度的时候了，眼见得快要完了。我们用最高的眼光看来，历代以来的各种国家，虽然是一治一乱，不相一致，大体上看去还是向一致的方面进行，就是各时代都是进步的。

从历史上看来，古代的文明国可算埃及和巴比伦。巴比伦后来被波斯灭了，波斯又被马其顿灭了，马其顿又被灭于罗马，罗马后来又被灭于条顿人和阿拉伯人，阿拉伯后来又被条顿人所灭。一代一代下来，都是一治一乱。纷乱的时候自然文化衰绝。可是，一个国家被灭亡以后，必经过一个长时间，然后才有新的文化产生出来，但在这个文化停顿的期间，文化也有进步。这个正好像动植物一样，由生而衰而死。现在欧洲的文明已经由生而衰了，好像快要死去的样子。死去以后，再有新的产生出来。假如我们一代一代地比较起来，前代比后代，现在比将来，我们一定可看出其间必有一种进步。这种进步可分为两层：（一）知识方面的增加，（二）组织范围之扩大。在组织范围中间，尤以国家为最紧要。现在就国家组织看来，对于眼前的将来虽然没有什么好希望，但最后一步，即久远的将来，组织定会更加扩大，知识程度也会附着增高、发达。知识增高、学术发达，虽然自一方面看来是好的来源，他方面也是坏的来源。比如战争一事，与科学发达很有绝大影响，差不多可说没有科学发达则无这样激烈的战争。但这个于进化上也很有关系，没有它也是不可行的。说到知识一层大家尤其赞成它的好处。

现在又说到国家纷乱上来，对于无论什么紊乱，怎样才能使这种紊乱状态有条理？要使这种紊乱平息，只有国际共和国（International Commonwealth）才有这样的权力，用力来保持世界各处都不发生战争。

国际共和国，要使全世界不论什么地方，都关系密切，大家才能互相帮助，保持和平。比如从前远东与欧西没有什么关系，在哥伦布没有发现美洲以前，美洲与世界无关，俄国在大彼得以前，也与欧洲没有什么关系。现在世界情形就不同了。这一次欧战则全世界没有一地不受影响，都是世界组织密切的缘故。

世界组织怎么会密切？这是实业发达和经济状况改善的缘故。而实业之发达，又是科学发达的结果，所以根本上还是科学。所以，科学发达不论是好或是坏，将来我们要好的世界，那是非靠科学不可的。

所以，从大概方面着想，普通对于将来的世界也有抱乐观的理由。可是现在的情形不仅令人可怪，而且眼前的将来，很有可怕的危险。我们全世界的人类都应当各尽所能，以个人力量。来免除最近要发生的危险和眼前将来的危险，并且要使现在进步，造成一个很好的将来。除非老老实实，不用一点偏见，平心静气来研究不可。不为一点什么党见的拘束，公平研究它，这才能有免去眼前的将来危险的希望。

所以，我们要用科学的最好的知识、最好的理想，对于这个问题作正当之研究。不要看见现在有许多反对我们的势力，就抱消极的态度，灰心起来。但对于这个问题，有一件事必须记着：

无论什么政治上的主义，要是不能得着一般人的信仰，决不会成功的。如果目下一般人民所信仰的，都是不应该信仰的东西，即错误信仰，那是他们没有懂得适当的情形。如果要使他们懂得信仰的意义，不致再相信不应当信仰的东西——错误的信仰——非有适当的教育不可。但这也是一个很困难的事情，因为现在的人，大半是用感情和偏见来判断一切是非，不肯平心静气地研究，没有论理的知识，所以要他们领受正当的知识是很不容易的。然而不用教育的力量，世界又决不能进步了。

在今日的世界，讲理性和科学的态度，比从前更为要紧。在从前文明没有发达的野蛮时代，社会上各样的秩序，有宗教、习惯、风俗可以维持它，社会因此也可以保持不致紊乱。现在既然讲理性，对于无论什么事情，都不肯迷信地服从，都抱着怀疑态度。所以，不讲理性则已，不然，非讲透理性，社会秩序没有维持的希望。所以，理性和科学的态度，在今日占很大的位置。

说到这种怀疑的态度，历史上看来，是很有建设能力的知能。在希腊雅典，文明发达、科学昌明，也是这个态度的好结果。后来雅典因为种种别的关系灭亡了。15世纪时的意大利，也是一样，抱持怀疑的态度，故能建设近代的文明。但起初文明发达，后来衰颓了，卒被灭于西班牙一个狂信的宗派，不能成为独立国。现在的人也一样抱怀疑态度。对于无论什么事情，都要问问有什么理由。比如有权的人把我们的权利拿去，必定要问他有没有理由，应不应该拿去我们的权利？如果有权的人，他把不正当的、骗人的假理由答复我们，仍然是不相信，双方的争战就起来了。这种情形，可以找出很多的例子：如女人之反对男人，小国之反对大国，最显著的是劳动界之反对资本家，第三种——劳动界之反对资本家——说来虽然很危险，前途希望却很大。果能如我们所愿，这个被压制的阶级，能不要费多大牺牲，慢慢地安然转过身来。世界文明不致有很大的损失，这是很幸福很有利益的事情，则大幸之至！

现在我们又要问，世界上纷乱的原动力到底是什么东西？是什么东西在那里互相反抗？我们要用力平心静气来研究它。自己不要站在战争当中，要立于战争之外，用客观的态度、科学的方法来研究。

现在世界上纷乱的原动力当中有正在增加的，也有正在减削的。大概看来，将来多半终归消灭，所以也有利益可期。现在原动力当中有正在增加的：（一）实业主义（Industrialism）、

(二)国家主义(Nationalism),这两种主义,虽然是政治的关系,后面站着影响最大的还是科学。而每种当中又有两种变形,为压制者与被压制者各自主张的。实业主义中有资本主义(Capitalism)与共产主义(Communism);国家主义中有帝国主义(Imperialism)与最近美总统威尔逊所主张的自决主义(Self-determinatism)。

在这次大战当中,各国虽主张自决主义,可是仅仅用在别人一面,而不能用之于本国。凡仇敌所压制的小国,多多主张它广行自决主义,自己压制的小国却又不肯许它们自决。比如俄国,凡对于反对俄政府政治的国家所压制的小国,都让它自决。据我看来,这不过是俄国的表面主张,不是根本思想。因为自决主义还是国家主义里面的东西,俄人所主张的却是"国际主义",所以可以断定它是表面主张罢了。

在国家主义中,在操权力者所主张的是帝国主义,被压制而要求解放者所主张的是自决主义;实业主义中,在操权力者所主张的是资本主义,而被压制要求解放者所主张的都是共产主义。四种中,帝国主义和资本主义为一组,自决主义和共产主义为一组。所以,现在世界纷乱的四种原动力中:两种是属于实业主义的；两种是属于国家主义的。世界上其所以纷乱不安，就是这四种原动力——资本主义、共产主义；帝国主义、自决主义——不能互相调和的缘故。

但是，现在政治上、兵事上，战争这样厉害，都因为许多的人只看见资本主义和共产主义相反的一点，却忘记实业与这两个主义关联的地方；如能在这里着眼，才没有错误，而我们也可知道较多些了。

如今再讲什么叫作实业主义？实业主义就是关于生产的法子，是要用许多“资本”的。但这资本并非专指金钱；凡是生产上所用的器具，比方说机器、铁道、轮船等都在内的。换句话说：费了许多的工夫，造成很大的机器；再用这机器，造成消费的东西，便是实业主义。那么，实业制度不过就是把用器具的习惯扩充起来罢了！比方说，第一个人用锄代手来耕田，可省许多的事，由这一步进一步，就来用那很费工夫造成的机器，便是实业制度。

现在再拿铁道做个例子：铁道造出来很费事，并且也不能直接吃它、穿它；不过用了这铁道，便可以运来吃的、穿的。换句话说：用起来只认为器具，不是直接消费的。当造铁道的时候，这些工人不能供给自己的吃穿，总得依靠别人来供给他；所以，无论哪个国家要兴办实业，非得暂时牺牲许多直接享受的财物不可。因为当造机器的时候，不能同时造这些财物的。

因而，在一个社会里头要兴办实业，总得有许多原动力。第一，是组织。因为很有许多的事，绝非一个人所能独办的，总须有适当的组织才好。第二，是在这社会里头，非得有愿意吃苦的不可。就是带有能牺牲目前的快乐，以图将来的好处的性质。第三，是在这社会里头，须有相当巩固的政府。因为这样，大家现在虽牺牲些东西，将来总有可靠的好结果；不然，大家都不愿意去干，统统存一个只顾目前的计划，如同英国俗话上所说的："今天吃了，明天死了。"（Let us eat and drink, for tomorrow we die.）那还有什么人愿意拿资本出来投在这个不可靠的、动摇的实业上面呢？第四，是在这社会上，须有许多有技艺的人。因为要有了有技艺的人，才能做实业上的事情——有许多工作，简直非熟练的人不能举办的。第五，是在社会上，须有很发达的科学。因为这样，才有人能发明所用的机械，这是很重要的；所以，在从前没有充分的科学知识，也就没有实业制度了。

那么，一个国家在它的实业制度初发达的时候，经济方面都是由少数压制多数的；除非借用外国的资本，便不能免却这个弊病。现在先就贫穷问题上说。在没有兴实业的国家里头，生产自然不及以后的得法，货物总不会有富余的。如今因为要兴实业的缘故，使种田的人都去制造机器，那么，生产的人反倒少了；或者把生产物运到外国去换机器，那么，生产物一少不是更贫了吗？所以，这样的结果，无论是造机器、换机器，总会使国内必需品反要减少；原来就是贫，现在越发厉害了！要想免去这样的情形，只有两个办法。第一，让实业慢慢地发达——不必要很多的人都来造器具，或一点一点地运出食料换得机器。第二，就是用借外款的法子，但这个法子总得两个国家和睦才能行的。像俄国和别的国家都闹得很不好，只好慢慢地去发达它；不然，国内便会生出很贫的结果。

第二层再说一个国家里头实业初发达的时候，权力都握在少数人的手里，很是不平等的。现在英国的工人全主张自治，这种社会主义在英国可说是很盛的了。就是最下等的工人也知道竭力地宣传，希望固然很大，可是在俄国情形就不同了。在俄国当1917年和1918年，也有工人主张这个；但是直到现在，他们的工厂里头还是首领制，实业制度更都是依据皇帝上谕的办理。英俄两国既有这样差异的情形，就生出两种不同的意见，其实这意见很是可以免去的。因为俄人只看见俄国的情形，便主张实业绝对不能讲起什么自治；英人方面的意见也就不同，认为每一个帮行应当绝对地自治，但是据我观察的结果，这全是实业发达时际上有先后的缘故，俄是实业初发达的国家，自然不能没有少数压制多数的事情。所以，这两种意见不外出于感情作用，并没用科学的眼光，很不对的！

再说英国自己，当初发达的时代，要不是借外债，是一定不会成功的。因实业没有发达的时候，工人自然已属很苦，再要他们去做工，直接消耗的物品更加减少，自然更苦不堪，越发穷得要命。兴办实业的人却不能拿出书生态度告诉他们说："能把实业办好了，给你的儿孙有多大的益处。"因为这样的劝勉，他们必不赞成。比方说，从前英国实业初兴的时候，便给工人以权能，他们就要乱起来；试看那时候工人因不愿意来做工，并有打破机器的事情；那么，实业绝对不会发达的，并且贫穷固然暂时越发地增加，可为实业发达的阻碍；但在手艺时代，耕田都是关系一家里的事，人人因没有这样的习惯，便都不愿意做这样的工作。假使有一种势力在上头来压迫他去做，他起初虽不愿意，但是由于受这样的压迫，慢慢地养成一种习惯，后来即不压迫他，他倒愿意去做了。即就政治方面说：民主制度的由来，实在因为君主用许多法子，压制一般平民，教他们组成机关做事；后来虽没有君主，那已经养成的守秩序的性质却永久存着。说到这里，好像美国由各邦自由组成是个例外。然而在17世纪，美国的人民仍旧是在英国受过压制的。所以，我对于国家的理想，将来必有一个最大的帝国出来做压制的事情，然后才能现出最平等的共和国；或者有许多的联邦，共组成一个大国。

在实业上更是这样：初出萌芽的实业，无论是资本主义、共产主义，根本上不能免去专制；不过专制的人不同。在资本主义里头，专制的人是资本家；在共产主义里头，专制的人是政府。这种前途无论何国都是如此，中国也在里头。但是，资本主义家和共产主义家因政治上争辩很厉害，便把两者的关系——统统是实业制度——都忘记了。现在俄国的工人不准罢工等事情，很像英国早先的情形，这确是实业主义起初发达的现象。至于共产主义所希望的，比方说，在实业已经发达的社会里头，如英国、美国，若没有太激烈的革命，就可办得到。因为只要成年的人每日都做四五点钟的工，便都有很好的生活，不必定要中央集权起来监督他们，他们原来是很有知识的。那么，这国的实业已经发达了，若向共产方面进行，自然可免阶级间的战争，必能成功；但在实业未发达的国家里头，即就讲共产主义，也因为供给物的不够，许多人没有实业的经验，总不会平等起来经理实业。若是这话不错，那么，资本主义和共产主义两种政见中，便很有关联的地方——对机器，须有相当的发达；对技能，须有相当的训练；对组织，须有相当的注意——然后才能达到很好的地位。比方说，有两个国家，实业都不发达。一个是资本制度，一个是共产制度，相差倒不很多；若与实业发达的第三国比较，反不可以道里计了。

下次要讲实业制度——不是专指资本制度，也不是专指共产制度——有什么样的趋向。因为一般人对这是疏忽的。比方说，骂资本制度怎么样坏，这并不是资本制度的坏，乃是实业制度的流弊；说共产制度怎么样好，这也不是共产制度的好，乃是实业制度的好。

二　实业制度的固有趋向

上次讲过，世界上有怎样的原动力，就发生怎样的纷乱情形，并且瞻望眼前的将来，纷乱下去，或至比现在的情形更坏。所谓原动力有两种：（一）实业主义，（二）国家主义。每种中间又分两种：资本主义与共产主义同在实业主义中间；帝国主义与自决主义又同在国家主义中间。大概资本主义与帝国主义为强有力者所主张，被压制的弱人则站在自决主义与共产主义的那一面。现在这两方面对立相争，实为世界纷乱的主要原因。再二三十年下去，也许是这两种东西相争的结果。

我上次说过，资本主义与共产主义虽然相反，可是也有相同的地方，也有同一的趋向，因为同属于实业主义。国家主义中之帝国主义与自决主义也是一样。不过，因为现在政争和兵争太厉害了，人民为感情所迷惑，所以，这些相同之点，都看不出来，都忘掉了。

现在先讲实业主义固有的趋向。我们不问生产的物品如何分配，怎样才公道，是共产主义还是资本主义？只看有什么固有的趋向，在实业主义当中。

现在，中国社会大部分还没有达到实业制度的时代。中西之不同，也是有无实业制度之差别。假如中国现在实业发达，成功了实业制度。或者第一天起头就实行共产制度，必与西方各国也有相像的地方。因为无论是资本制度，是共产制度，既同在实业制度当中，有同一的趋向是免不了的。

所以，在中国现在未曾到实业制度以前的时候，应当要明白这个实业制度到底是什么趋向。

现在，我们研究政治经济的原动力与结果，必定要采用物理上的方法。假如有什么原动力，就有怎样的结果。在事实上当然这种结果，不是一种力所造成的，所以，遇到复杂的事情，要用物理上分析的法子。我们现在也要用同一的法子来研究政治和经济。现在要明白国家主义如果没有外力的阻止，怎样成功、怎样结果，这还比较容易些，就是不过势力对外扩张罢了。若是问实业主义，无外力阻止它，使它自由发达，将来结果如何，那就不易明白了。对于这个，上次已经说了一些。但今天则把它看为主要的论旨。就是要详细说明，实业主义到底有怎样的趋向、怎样的结果？

上次说过，实业制度如何会存在，必定要有一定的条件，即上次所讲实业发达的五种条件：（一）工人要有大组织的能力；（二）主持的人要情愿牺牲目前的好处；（三）政治须有稳固的保证；（四）工人须受有相当的训练，平常的工人不行；（五）社会当中要有很高的科学知识，能发明应用的机械。假如这五种条件都完备了，又没有别的势力来阻止它，实业发达起来有如何的影响？

所谓实业，并不是大兴土木之谓。例如，建筑万里长城便不能算实业。实业的本意，是用复杂机器来减少人工，如铁路等类。比如过河，古时用船，后来改为造桥，桥造好了，自然能省去许多人工，这个造桥与摆渡，就是实业与非实业的分别。

现在说造桥这个事。如果只有少数人过河，当然是坐船好，人多了，还是造桥能省去许多人工。但造桥的时候，地方一定要安静，如果有什么纷乱，那就不成。因为造出来容易毁灭，自然我们没有精神和趋向去造桥了。也没有人肯牺牲现在的好处办将来靠不住的工程。

实业制度的要素，就是在牺牲现在的时间和金钱造出一些不能直接享受的东西，用之以为将来制造更多的消费货品的机械。由此可以生出许多特别的结果，这就是实业制度特别的地方。

我们讲社会问题，知道假如实业制度发达，必定更使社会各部组织特别密切。实业越发达的第一个重要的趋势，就是社会的组织越变为有机体，好像人体的细胞组织一样。人是有机的组织，所以，这一部分必定依靠那一部分。那些水里面的原生物，因组织简单，一个细胞，可以包办所有存在的官能；人那就不然，如果一个紧要的部分受了伤害，则全身各部都不能单独生活，不能存在了。如耳和目有一个受了亏，则全身不能不受影响。原生物因为组织简单，就没有这种现象，可以各个细胞独立存在的。

这种现象在有机体中，各个细胞把自己独立性质牺牲了，彼此互相帮助。考究起来，有好处也有坏处。坏处是一个细胞团体中间，一个受伤则全体有死亡之患，这是很危险的。好处则在于分工。因为有分工的关系，所营的工作，效力能够增大，花样也可加多，这是原生物所做不到的。这个对内说来，则内容比较丰富，对外则团体反映也好得多，环境的事情，可以多多应付。现在，社会方面组织也与这个是一样的。

在社会原始的幼稚时代，各个家庭原是独立的。所有生活上必需的用品，各个家庭中间都可制造应用，所以有独立存在的可能。在实业制度当中，则无一家可以独立，也无一人可以独立。必定要互相依靠，你的物品，交换于我，我的物品，也交换于你，这样才能生存。如果没有买卖制度，也必定要有交换制度才行。

比如在一个工厂里面，各个工人就不能独立，要靠别人才可以谋得衣食住。就是在一个工厂当中，也有许多东西不是一人的能力可造出来的。必定要合很多的人，通力合作，互相分工。虽是一个小小的螺丝钉，也非一人之力所能造出来的。同时，资本家也是一样，虽有资本巨万，也得靠无数的工人才能生产。故在有机组织之社会当中，差不多没有一个人能独立，成为独立的经济单位。在农业上虽然也有一些同样的现象，不过没有如此之甚。但现在科学发达的时候，农业上也加用很多的机器（如俄国政府，农业之电器化）。那么，农业中的人，也不能为经济独立单位了。

所以，在实业发达的社会当中，社会组织也和人体一样，一部紧要的地方受了伤，则可以制全体社会的死命，比如在今日世界进步，各种机器均以电为原动力。如果一旦发电机坏了，则社会各种的事业都要受很大的影响，例如制造厂，必定要停工；电车不能开行；电灯电话，都要停顿；用电气的火车，也要休息起来了。所以，社会的组织愈复杂，各部分相互的影响也就加大，也就容易由一部分而伤及全体。一地方有乱事发生，则所受的影响必定很大很大。

在一个组织越有机的社会中间，政府更加要紧。因为个人的行为对于别人影响很大，所以，个人的自由，不能不为公共利益而减少一些。而个人任性孤行的生活，也要为之慢慢地减少。如果要想仍旧保持个人绝对自由，不为团体所牺牲，那非另想别的法子不可，这就是下回所要讲的题目。

个人的自由，虽然因为社会组织的复杂很受限制，但也有好处，就是实业发达了，生活必需品剩得很多，做工的时间便可减少，个人的自由在这方面又可增加了。大凡人类的自由，常受两种势力的限制，一种是社会，一种是自然界。实业发达以后，人受社会的限制虽说加多，然受自然界的限制如那衣食住等，却可减少的。

对于自然界限制顶可怕的，就是生命的危险。多数动物因为不能作未雨的绸缪，来和自然奋斗，落得一饿而死，在人类就不至于如此了。但是，在实业没发达以先，人类都把多数的时间费在找食物上去，很少的人有机会来求人之所当为，什么美术、感情等方面的享乐生活都忽略了！

所以，在实业不发达的社会里头，固然有少数运气好的人，比如皇帝、贵族、教士等，生活内容很丰富，可以兼作别的事情。但是，实业发达以后，因为生活必需品增多，人人用不到天天去找吃的，所有教育、科学、文学、美学及战争等奢华的事情，都有闲暇的工夫，藉此发展。所以，实业制度发达了，因自然界限制减少，便得到多少的自由。可是，个人身上增加了共同生活的压力，却也不能极端自由了。

这和有机动物细胞的组织是一样的。因在原生动物一个一个的细胞都能独立生存，人就不能有一部分独立生存起来，目只能做看的事，耳只能做听的事，别的便管不着。但他的好处是在外面有什么刺激，里面就有适当的反应，却是原生动物所做不到的地方。这和社会有实业组织很是相同。

人对自然界的限制既然解放了，便可做向来所不能做的事。人不是专为生存来的，其所以和禽兽不同的地方，便是在生存以外，做出和生存没有关系的事体，比方说求知、求美和一切有价值的事，这才是人的生活。如若一个人过了多少年，吃了多少饭，制造了多少同样的孩子，回头死了，就算一生！说起来不见得人只能做这么些事，但是实业没有发达的时候，生产的力量不大，多数人也只这样过去了。现在，各个人总应该觉悟，脱去物

罗素在写作

质生活的限制，来做人生有价值的事了。

什么叫作文明？可以说是：寻求在生存竞争上所不必要的目的——生存竞争范围以外的目的。初时文明都是由大河的冲积岛上的农业发生出来的，最显著的就是埃及和巴比伦，冲积岛上的农业发达，和别处便不同；因当时社会上既有这样安定的生活，才有由农业发出的文明。关于这层，勃拉克女士已讲过，我如今要讲的就是从实业所发出的文明。

在从前农业充足的时候，一天一天下去人都有充足的生活。可是碰见土地不良，便免不了搬来搬去，就没有时机使他发达，文明也被阻塞了。所以在很大很肥的地方——比方说是黄河长江的下流——个人所生产的，总超过个人所用，剩下的人便去从事于建筑、算学、天文和替后世文明做先导的事情。但是，所贡献的虽说不少，究竟不算得什么，总得大家去做，才有大效啊！因为那时注意到科学、美术上的，实是少数人，到了实业发达以后，各个人都应该尽力做人生所必要的事，平均每日做四点钟的工已是够了，此外无论什么事情，好比科学、美术，都可剩出工夫去做的。

因为这种情形，从前的人就说："社会上有这样的不平等，就是为增进文明的缘故。”这话到如今却讲不下去，如果将来没有什么大变动，使得实业制度忽然亡了，必要做到共产主义的地步，人人都能在文明上站得住的。

从实业说来，可使文明分布到人人身上，但这层就在实业制度发达时代也还不能做到极点。换一句话说，就在共产的社会里头，这希望也很不容易实现的。因为作成文明分布的起因和结果，全是由经济上的原动力造成的。即以教育而论，受过教育的人总比没受过教育的人格外有能力，那么，实业制度底下就不能不有普及的强迫教育。在实业制度里头，做工的人都可剩下时间来做教育上的事情，小孩子也可以在做工以外来念书，所以，教育的发展确是实业制度固有的趋势。

从普及教育上就生出政治上德谟克拉西（political democracy）的结果，这一层，倘若工人阶级没有教育，要实行也是做不到的。但如果工人阶级有了教育，就是要不行也做不到。但是，我说的德谟克拉西不必一定是指着议会政治，就是俄国的苏维埃制度和它的意义仍是吻合的。即在从前，也有这种影响。总而言之，德谟克拉西是指着一种制度，这制度底下，各个人于政治上都有平等从公的一份权利和义务，虽有些人是例外，却因特别情形而生的。比方说少数人蓄意推翻多数人拥戴的政府，一经失败，便不免有特别的待遇。所以，政治上的德谟克拉西也是实业制度固有的趋向。

我们已经说过，实业发达以后，减少个人对于社会的自由，而在经济上越发要受他人的限制。不必说是国家，就是在一个公司里头，也免不了这个情形。但是，全世界上关于求衣、求食的事，已不像从前那样厉害，因而个人方面发展的事——如艺术及幻想的情感——慢慢地便减少；社会方面发展的事——如战争及公共卫生和普及教育的情感——渐渐地便增加了。

个人自由既受限制，第一件连带而来的，就是个性的退化，在世界实业最发达的国家里头，好比美国，各个人相共之间不同的情形很少，若是有一个与众不同的，大家就要憎恶他了。即就他们的衣服、房子、家具等，通通都像从一个模子里同时造出来的，绝没有多少的分别。好似造物者不知用了什么机器，造成美国人个个都很相同的。在这种社会里头，讲到美术、感情生活及文学等，势必日见减少，同个人的自由受限制一样，它的原因和对付法子以后再说，现在只提一个特别的理由讲一讲。

大凡人的天性受了限制，不能发展的时候，总会跑到别处找一条出路。在这社会里头的生活，实在觉得没有什么兴趣，就会寻发泄的法子，顶不好的小说和戏剧要拿来看，这也算是一个出路。假如有一个人因不好的生活得了疯狂病，用刀把人杀死，被访事员调查得很清楚，登在报上供人的谈料。我想这种记载，对于社会上也是极有利益的，大家看见他的行为虽然不赞成，但也认为是教自己天性找着一条出路。

如在战争的时候，有很多人预先知道自己不用实地去打仗，因为平日无趣生活的冲动，听见开战，就想去到战地参观，好像看人踢球一样，其实比踢球还好得多。但是，现在战争太过于机械，两方的人数都有比例，军需炮弹都要平均，才能开起火来。不过，想的人总以这样太没有趣，还把它当作罗马人的决斗，两个骑士乘在马上，一来一往的杀斫。只要这件事情和自己没有什么影响，总觉得很快乐的。

刚才有一句话要补上，就是这样情形的结果，一般人便都喜欢走到激烈方面去，所以，对社会的改良，就不愿用慢慢的法子；很有些人主张用革命的手段，无非以为这样弄来，总要热闹一点。所以，实业发达的结果，家庭生活就要分裂。因为妇女在外做工，一方面经济独立起来，一方面就不愿操持家务，觉着住在外面究竟比家里舒服！不过在如今各实业发达的国家，一夫一妻制度很是牢固，潜伏的势力，虽难找出，而在美国因有基督教的流行，更是一点儿看不见。但是在欧洲大陆上早就有了变迁，守旧的人虽多方掩护，可是在社会上已有很深的痕迹了。

从经验方面看来，普通妇女都不愿意服从旧式的婚姻制度，也不愿意终身只事一个男人。但是，因为舆论的关系，不免要掩护起来，表面上到现在还看不见，将来必要扩张起来，日益加甚的。因为这种妇女不愿服从旧式婚制，和不愿终身事一男人，这也是实业制度固有的趋向。

在实业制度没发达以前，富人把妻子看作财产一样，贫人把妻子当作做工的侣伴，所以，一个家庭就是一个经济单位。

在工业时代，妇女在外做工，小孩在外求学，男女的经济关系便没有从前密切了。并且男子在饭馆吃饭的时候多，小孩从先只在学校吃午餐，后来三餐都在学校吃，那么，女子在家里也可减少工作了。

从农业发达以后传下来的婚姻制度，到实业制度时代已渐渐地不能存在了。因为女子可以独立，便不愿意依人，即对于自己的子女，也想分给国家，不愿交给个人，虽然现在不见得人人都是这样，将来这种人必要增多，一定可以猜出的。

诸君！请你要明白我所说的并非是好不好的问题，不过指实业发达以后，妇女自有这样趋向的。若没有别的法子挽住她，可说是不能再会向别的方面变动了。

向来的家庭算是私权行使的范围，可以逃避国家的限制，甚而至于舆论的限制也可逃避的。比方说，有古怪脾气的人，可以任意教他的子女到无论什么地方去，现在就因为国家和社会限制他们自由地教训儿女，并且因为家庭的经济状况变迁，家庭便免不了分裂，上边所说的个性发展，也就减少许多的机会。

旧有的宗教和实业制度是很难相合的。资本家虽然因为要运气好，想多赚钱占了便宜的地方，来感谢上帝，并且因为宗教近于保守，和自己气味相投，利用它来维持自己的地位。但是，多数工人却都是反对宗教的。

世界多数工人所以反对宗教的缘故，固然一部分是因为传教的团体全受富人的帮助，而富人大半是资本主义的，因此教会就不免向着资本家说话，便惹起工人的反对，但是这话的理由并不充分。我们试问为什么工人自己不创出一个宗教来反对帮着资本家的宗教呢？如17世纪英国自创的独立派宗教（English

Independents）和马丁·路德的新教便是。这也不是什么难事，只在基督所说的话里头，找出怜念贫人的言语就可以的。但是，多数人一定要抱无神论（Atheism）和唯物论（Materialism），必有别的较深的原因。

主要的原因就是在实业制度底下，人的生活靠人力的时候多，靠自然力的地方少。在从前没有实业的发达，农业上全靠天气，其实天气是不可靠的，所以就容易发生一种宗教的色彩。

所以在法国的勃利当尼（Prittany）这个地方，位置是向着大西洋，时常起很大的风浪，滩底也很多，这地方的宗教也就很盛行。在很危险的地方，比方说一个礁尖上，都有很多的教堂，渔夫往海里去打鱼的时候，碰见风起，便要和他的妻子，一块儿祷告，等到上岸，心才放下，因感谢上帝，也就大喝其酒而醉了！

因而，宗教顶发达的地方，人的生活靠人力以外的事很多。宗教的力量就是把外界人力所管不到的危险的那种恐怖心减少一点。弗雷泽（J. G. Frazer）在他的书《金枝》（*Golden Banch*）说明基督教的大部分导源于崇拜生殖的精灵，而普通的宗教多发生于农民希望田土的肥沃、求丰收、求雨、求晴等，宗教中都曾经过，可以拿来说明这个理由。

从实业说来，依靠天气的事很少。虽然说自然界有一定的事体，然而，人总知道是怎么回事。在从前宗教发达的时候，有求雨的事情，以为总是上帝下来的；如今人就很明白，以为纵然祈祷，也不能在没有矿的地方现出矿苗来。现在汽油供给问题，在世界是重要的，将来如到用完的时候，就没有人希望凭空打出油来，如同相传的那摩西在沙漠里因为想喝水，便用棍子在石头上打出水来。

现在宗教的生活，不过是沿古来传下的习惯，所以，宗教在从前是必需的。但是，现时有不能解决的问题，宗教也无可如何，不像从前都能放在自己范围里的。

因为实业的发展使得我们的生活饱受变迁，宗教的势力也就减少；所有新的知识科学，都想和他同化起来，但这样一干，宗教的意味，也就因之而薄弱了。不过，将来如马克思的学说很有宗教的色彩，能否变成一种新宗教，却还不敢决定。

还有一种趋势，应是暂时的，实业制度如做到共产的时候，就可以免去。这种趋势是：只对生产的方法注意，而对生出来的东西是怎么样，倒不注意，大概在实业制度里头造出来的东西，不是专作直接消费的，所以只问其方法，不问其目的；只求其实用，不管它对于人生、美术各方面，究竟有什么价值。

比如，造铁路的人原为便于旅行的人，但是现今看造铁路的人比旅行的人还要紧；又如，把看书的人认为消遣的事情，反不如图书馆里造纸、排版、编目的人有用处了。因为实业制度里头用方法的时间太长，就忘记了有什么目的；只讲量，不讲质，只求制造得多，不问制造下这东西能做什么用。

这种情形和前头叙述的情形，都是美术和其他文明衰败的原因，并且还有其他的结果，就是觉得机械太觉无味，把改造社会的希望，也冷淡了。

现在许多人很以为经济部分对于生活是要紧的，拿现在经济状况看来，这话倒也不错。因为现在经济状况弊病很多，不能不来注意。好像人被火车把腿轧伤，这时候自然先要调理他，但是一旦弄好了，就不能成天老注意他的。经济状况也应该如此。勿要看成人的唯一目的了。

如果各个人都用四小时工夫去做经济上的事情，便有很好的成绩，剩的时间，尽管去做别的，凡是游戏、美术、哲学、科学等事情，都是四小时以外做的，并且比四小时里头的工作还要紧地多。但是，许多人只偏重于经济方面，他理想的乌托邦也就限于机械的；顶高点不过同来作工，平均分配罢了！至于他平日的事情，想来不外做完了工，就是睡觉，睡够了觉，又是做工。这种结果确不是实业制度必然的趋向，乃是商业竞争造出来的东西。若在共产制度底下，绝对可以免去的，这也是资本制度和共产制度绝大的分别。

谨告诸位，不要因反对从前的旧制度，便一味地盲然赞成新制度，要知道人是经济的主人翁，不是经济的奴隶，在求生活以外，还应有别样的发展，才合社会改造的原理了。

三　实业制度与私产制度

上次讲演“实业制度固有的趋向”，就是说实业制度有怎样的固有趋势，就怎样发展起来，这是就很简单方面说的，事实上可是没有这样简单。今天要说的，是除此以外还有两种东西，是与实业制度有密切的关系的。即：

（一）私产制度；

（二）国家主义。

三　实业制度与私产制度

这两样东西对于实业制度有莫大的影响，同时也被实业制度影响到它的。现在，我们要看这样东西，在那里怎样互相影响，在现在国家制度底下是如此下去，这种现象于实业制度，于文化前途却有很大的危险，如何能免掉这个危险，这正是我们现在所要讲的。今天先讲私产制度一层，下次再讲国家主义。

私产制度和宗教一样，其来源远在农业时代，因为相沿甚久，在社会中，成了必需的制度。关于这层，我们不能不研究人类学。各种文化虽成为人生必需制度，都可改变的。但在旧的文化中间，有很多仿佛是人生必需的，并且用来也很相安，一点都料不到生活情形有了变动，制度也要跟着变动的。要研究人类学才有这样宽大的眼光。

在古来农业未发达以前，私产怎样的呢？大概是谁有本事，谁有强力，就用武力来占据财产——牲畜。现在普通人想不到私有财产与武力还有这么一种关系的。私有财产固然是要有法律的保护，但是法律是直到农业发达以后才有的，所以私有财产离不了武力。巴比伦的哈姆拉比（Hammurabi）才定出法律保护私人的权利，这就是私产制度。所谓“私产制度”，必定要国家保护他所有财产属于他专有，或者一学堂或一寺院所专有。学校、寺院的财产固然是团体公有，但还是私产制度。

在欧洲中古时候的“村落”，仿佛是共产制度对于财产，不分彼此。但也只得归为学校、寺院一类。并且各个村落也非独立机关，必定要国家法律的保护。如果要说是共产制度，除非是各个村落成为一个独立的国家。即在现时的俄国也有同样的共产村，其实仍不能算共产制度。

现在我要说“私产制度”到底是怎样的东西？它是：

国家以法律承认个人或团体享用的财产而保护之，这才算“私产制度”。利用自然的物品而以强力占据起来，那不能算私产制度的。所以法律保护是私产制度的要素。

国家之能够保持私产制度，固然不能说不依赖武力。说到国际上来，法律则又仅能够保护国内的私产制度。别的国家来侵犯你的私产简直法律上没有办法。要有一个国际间的政府，实用国际公法，来保护各国的私产，那么，国家才含有法律的意味，保护着私产。不然，别的国家来侵犯只有武力足以抵抗，在国内才能用法律，对国外就用不着了。这样说来，用武力排斥外患，私产制度才能存在，不然，所有私产都得丧失，这是出于法律力量以外的。

三　实业制度与私产制度

在历史上，国家之互相侵夺情形，大概强有力的征服弱小的国家。在欧美犹太印度人均是如此。不过，灭亡以后的结果，看国家文明程度的不同，有很大的分别。比如美洲土人居少数，征服者倒居多数，及澳洲也如此，所以，土人被白人征服之后，固有的文化都一律灭亡无存。欧洲、亚洲那就不同了。大凡征服的人文明程度比被征服的人如果低些，那被征服的人，不过财产权利丧失，至于当有的文化决不会为将来的势力所灭亡的。

假如文明程度较低的人打败文明程度较高的人，占据他的土地，把原有土地分割起来，本来的人也一律强作奴隶，这种现象，一定发生贵族阶级出来，欧洲的贵族就是这样来的。此外如美洲、澳洲的土人，因为文明程度低下，被人灭亡之后，只能完全做奴隶。主人自己不愿叫他做事，并且可以卖给人家，例如买卖黑奴之类，自然变成为私有财产了。现在，我并不注重在两种情形所发生的结果不同的地方，我所注重的是：

凡少数人民去用强力征用多数人民，占据他们的地方，叫他们做事，这个就是私产制度的起源。

从这种制度到近古时代的自由主义，中间的进步可算非常缓慢。他们那些强有力的人，自己既然占据别人的田地，被征服的人们替他耕种作成，这样办法，自己总得也要经营一些，费些心血。于是又想出一偷懒的法子，就是把所占来的田地，租给别人，田土中的生产物品自己干干脆脆得着多少，承租的人也得着一些。照这样办法，地主的安闲真了不起。到后来，这些贵族，因为一时武力衰弱，那些被征服的乡下人——农民——反抗起来，因此，贵族又失掉了自己从前的田地了。不过，那些乡下的农民既然自己得到田地之后，又回到前此贵族之所为，仍以武力照样地占据得来的财产。

后来，商务发达，制造业也发达，除土地生产外又有人工制造的物品，一般人对私产制度的观念也跟着大变。以为必要自己用力去做"劳力"得着来的偿还报酬，才能算得私产。好像从前用武力得着来的东西，一概都不成功的。但实际上，做事的人，又不见得一定很阔；而那些最阔的人，又最不用力。大概那些顶阔的人所最费力的，不外人家送钱来的时候签一个收条罢了。

所以，在私产制度中间就发生两种很有关系的主义：

（一）自由主义。这个主义的意思，说是说无论什么财产，只要是自己劳动所得的，就完全归自己享受。

（二）贵族思想。即掠夺别人的财产，保守下去，视为自己的财产。

关于这一层，现在不必多说，因为上次勃拉克女士已经详细说过的。

如果照纯粹的自由主义说来，所谓“私产”，简直只能用在人工上，不能用在土地上去。美国学者亨利·乔治（Henry George）就提倡这个主义，他因为看见美国当年正在修造铁道，许多有权力的实业家，很用了些无聊的手段操纵大多数的乡下人。许多的地方，都为实业家所独占，都是地主的财产。他看了这种情形很觉不平，所以，极力主张只以人力所造出来的东西，才算私产，以外，凡属土地的出产的均应该为国家所公有。以后一派之经济学者，本着他这种主张，有“单说主义”的倡导——除土地之外，别的东西一概不必纳税。这种主张，所以后来终归失败，没有成功，也有几种原因：

（一）自由主义，把个人太看得要紧。这种个人主义又发达起来，与国家方面不能相容，固然这种理论照逻辑上，没有什么错处，但既主张个人的自由主义，而土地却又主张由国家所有，精神上似乎有不合的地方。

（二）他不像社会主义家主张一切东西都归国有，而只土地这一部分，所以难得公允的。其实，什么是土地，什么是资本，很不容易区别，因此，不容易划哪种应为国有，那种应为私有。比如股票，在手中固然是资本，一旦拿去买些田地，那又要变为土地了。而买了土地一两天，又要充公，似乎太不公平了，国家拿金钱来收买吗，国家又担负不起。

（三）现在实业发达，土地与资本更不容易区别。资本家所有的资本都由土地获得来的。有许多地方，如煤油钢铁之类是，如果用专制的手段来没收他的，必定非他所愿的。

以上所说的原因，还是外面的，现在还有深的原因。

在一个国家里面，实业不发达，普通小工人、地主、商人，在经济上立足的机会，相差不很远，这种情形，在中国现在形式，很觉相近，不过有两种特别的原因，一种是受外国的影响，一种是处于强有力的武人之下，其余都是很差不多平均的。除此之外，自由主义可算最盛的时候，假如外部没有什么压迫，国内也不很贫，则与法国大革命以后的状态很相近。

在这种社会中间，多数人不赞成废除私产制度，因为他们觉得现在的状态，并没有十分害处，以为废掉它也想不出什么好的制度来代替。并且在这种状态中间，也不必替贫穷的人担忧，因为只要一个人自己能努力的向上，终有得着衣食住的机会。富人也没有很大的压力来压制千千万万的穷人。如实业制度发达时一样，一个人可以制千千万万人的死命。现在实业既不发达，没有大实业家，则一个人只要稍微有些本钱，就可以买田地，营独立生活，用不着靠别人来养活他，别人自然也无从侵犯他，压制他。

但在实业制度输入已经承认私产制度的社会当中，情形又有些不同了，因为那时工人的出品，不能直接消费。如造铁路的，不能马上就用它供给自己生活，必定要有人拿钱出来养活这班工人。在这个制度底下不能靠少数人可成功的，必定要有多数人，大组织。并且主持的人要有很多的金钱来供给工人的生活，要有很大的权力来驾驭工人才成。

那么，这些组织的人，出钱养工人的人，因为他们自己也有他们的牺牲，所以被养活的工人所制的出品不能不为他们所有，不仅出品应该属于他们，就是以外的资本和机器之类，无一不为他所有，他们此时即成为资本家了。社会上因为无刻不需要造出的东西，无论何人都要靠资本家了。因为工人们都要靠他生活，他一旦不要工人做工，工人们就只有饿死，因此他就可以制工人的死命，如从前贵族待农奴一样。

从前那些农民为什么反抗贵族呢？不过他们不愿意为他人种地罢了，便起来把贵族逐了，杀了，土地分开，你一块，我一块就是了。在现在实业制度中，这种办法便不行。不能随便分割，分割起来，是毫无用处的，如机器等决不能一部一部分去使用的，所以，现在的工人要反抗资本家，不能用以前农民对贵族那样的手段。

比方说造铁道要用一万人，不能因为一万人造成的缘故，将来工人反抗起来，就把它分作一万段，每人拿一份走了。不然，这铁道就不成其为铁道了。所以，在大规模的工业里头，总得有个中央集权的机关，但这种集权并不是在少数人手里，乃是在团体手里的。在手工时代，一个人就能够谋生活，可是在实业时代要想不为少数人操纵，一切事情得归为团体所有，因而社会主义家便主张把这种权限交给国家，免得弄到少数资本家的手里去。

既然是这个缘故，自由主义无论怎么样主张个人自由好，绝不能阻止资本主义的流弊，因为实业不能说没有大组织。

由私有财产制度根本上的困难所生出别样的麻烦，暂置不论；实业制度和国家主义——帝国主义——有怎么样的关系，也等下次来说。但是，一方面国家发达和实业制度有什么影响，却是要讲一讲。

实业的趋向是一天一天地向大处扩充，因为扩充越大，越发省事，起初虽是小卖，终必到专利而后止，一切联合的组织，如托拉斯（Trust）的发生，也就是这个缘故。美国人看见它很有流弊，就主张对这种财产联合用法律来干涉，但是总能想法子不触法律的动机，便没有干涉得到。所以，一切日用必需品都在它的旗子底下，归它垄断起来；社会生活若是离开它，也就有不能满足了。

假如社会上把这种托拉斯看得很重，那么，一国里头日用必需的如那钢铁、煤油等，都要归他承办，国家的生存灭亡的权能，全操在他的手里了。由此看来，设有托拉斯不为国家所有，恐怕国家反为托拉斯所有了。

在美国，因为实业发达的缘故，这种情形很为明显。在欧洲，自欧战以后，除却俄国也有这种趋势。那么，从事实上说，欧美实业可都算是国有，它的权能也是操在政府手里，但仔细说起来，全是大资本家私有的组织，政府不过是在外面挂的一个招牌，来哄哄人罢了。

社会主义家和共产主义家以为现时名义上虽然说是平民政

治，其实就是资本家政治，这种意见大家都能知道，不必再多说了。在这种情形底下，法律总是袒护资本家的。就拿法美做个例子，关于罢工的事情，劳工绝对是占不了上风的。美国关于罢工的事情，便用兵去弹压，或资本家私自养兵以私人名义去弹压，假如资本家有私自弹压的事情，法律总会替他们说话，绝不能保护到工人身上去的。

在法国，因有强迫从军的制度，一遇见同盟罢工的事件发生，便调动这些工人去从戎；军令是很森严的，叫他如何，他便如何，不敢有违抗的。在英国，对于罢工的事件，还没有什么手段，但是，现在资本家也想出对付的方法，要阻止他们罢工了。

在资本家和劳动者争斗的时候，法律总不会有持平的态度；因他总是托口于秩序，秩序是由习惯而生，所以就抱有维持现状的宗旨。从先美国关于解放奴隶有著名的德来特·司各德一案（The Dred Scott Case），高等审判厅就不主张奴隶的解放，已经判决凡奴隶及其子孙没有公民权，后来南北美因解放奴隶问题打了几仗，奴隶制度才废除了。所以，工人要想自由，非用武力不可，不能来依靠法律，因为法律根本是维持现状的。

我自己也觉得社会的变迁，用和平的方法是很好的；并且不敢说和平的方法一定不能用。不过，照实际上说起来，法庭对于资本家和劳动者的争执，总是袒护资本家，压制劳动者，便平和进步的机会一天比一天少了。在资本家方面都很希望和平，不愿意有革命；但是，他们的行为处处都证明出好像盼着革命的样子，这真奇怪！

除上边所说的以外，国家所以偏向资本家、反对劳动者，还有其他的原因。

（一）政府很容易受外界的影响，变成腐败。比方有一个人本来是代表劳动者的，一旦高升上去便要受资本家的贿赂，向资本家说话。因为受贿很能增加进款，若仍向劳动者说话，便没有这项收入了。

（二）还有一种影响虽然不甚显著，却是很危险更可怕的。就是一般热心社会事业的人，平常倒很为社会鸣不平，但是，一旦得了舒服的生活，他的锐志立刻消沉，无论如何总觉得缓进的方法较为有理。

（三）还有心理上的影响。就是有了权柄，便好专断，就不愿意和他人表同情了。

这外还有最大的影响，就是资本家的力量非常强胜；可以左右世界，因他们的好恶，来作舆论的枢纽。报纸大半为他收买，可以任意捏造舆论，颠倒是非；一国里头的必需品也都可以归他支配了。在战争的时候，要强迫国家维持他们大多数的权利，才肯给国家出力；国家的存亡也就操在他们的手里了。所以，世界上的人遇见社会上闹乱子，维持的方法无论如何地坏，总是赞成，至于变乱是不是要公平，要改良，都不管了，反要来说那变乱的人是不好的。

自由主义本来赞成各个人自己经营他的经济生活，反对从前大地主拥有许多的土地，是很有功效的；但是现在实业制度最要的是大组织，这主义便成过时的主张了。

自由主义赞成自由竞争，反对联合公司，固然是好的，不过在实业制度的下就不能不有这样的组织，有这样的组织便不免为资本家所操纵压迫了。国家所管的实业一天增加一天，国家既为资本家所左右，实业也就归到资本家的手里了。

要说劳动为国家所有，事实上到什么程度，可举个例子来说明：美国美孚油公司总经理白德福（A.C.Bedford）在去年10月25日写封信来，说意大利工人的情形。信里说："意大利工人有归为国有的趋向，现在很大的出口货即是劳动，并且还用科学的方法研究怎么样卖出劳动，就是把劳动运输到美国去交换煤铁。虽然有些社会主义家恐怕美国要反对这样贩卖劳动方法，但是在美国却觉得很有利益的。”像这样说法，把煤铁和劳动拉在一块，与自由主义未免差得太多了。

照这样地下去，必不可免的结果，就是阶级战争。我并不是赞成有这种办法，不过照时势推论下去，这是必然的结果。好像一个人从空中坠下，我们说他一定跌死。我们并不愿意他跌死，但是，用科学方法推测他的结果却一定是这样的。要是他不死，除非半空里忽然变出一个网来，把他兜住不可。所以，在要发生阶级战争的时候，而想免去它，若是资本家没有良心的发现，甘自退让，做成功一个网，这种希望绝对是不成功的。

现在有九句话可以包括上边所说的——也是上两次所说的。

（1）实业制度使社会变成有机体，所以国家的权力也就越大。

（2） 实业制度使有资本的人对于他人生死的权力扩大。

（3）私产制度是由习惯相沿而来的，到现在使得实业制度归到少数人手里。

（4） 实业制度给国家以最大权力，但是都在资本家手里。

（5）因为有实业制度的新生活，使劳动者对于从前生活都不满足，便从新的教育里发生出新的思想。

（6）一方面因为教育普及使得人人都赞成德谟克拉西的政治，一方面因为资本制度使得德谟克拉西的政治不能实现。

（7）因为实业制度非有大组织不可，所以有大资本的人就可以有操纵他人生死的权，从前的自由主义，也就不能实行。

（8）社会上要想没有资本家压制，唯一的方法就是把一切实业全归公共社会所有——这就是社会主义家所主张的。

（9）因为资本家占优胜的地位，非经过阶级战争，资本家不能铲除，要想免去这样战争，总得资本家甘自退让，但这却是不可能的。

因为私产制度相沿这样久，便印入人心，成为习惯，很不容易变的，所以照马克思说个个劳动者都应赞成社会主义，但是因为习惯相沿已久，却未必如此，不过将来必有如此的时候，将来的工人，总能都赞成社会主义的。

资本家和劳动者的战争，因为国家主义便使其关系不容易实现，但就今天讲的可以知道，终不能免去战争。战争的结果有二：

（1）两方冲突以后，使完全的实业制度也因而消灭了；

（2）两方冲突以后，就实行共产制度。

总之，在实业制度发达了，非实行共产制度，社会不能巩固；在实行资本制度的社会里头，总有许多骚扰的。

现时资本家的私有财产权是不合实在情形的。因为实业未发达的时候，各个人之间没有多大关系，倒可自由起来，那私产制度还不致发生什么大危险。在实业发达以后，资本家都有顶大的权力，个个都想享受不可得到的自由，危害就很大了！

资本制度不过是一种过渡的制度，一定不是巩固的制度。因为他是实业未发达时而生之私产制度所遗传下来的制度，和现在社会情形很不相合的。如此下去，便要发生资本家和劳动者的阶级战争，结果实业必要受伤。但究竟将来人民能否有本事从既破坏的制度上造出文明，或是把所有的文明全都打倒，现在还是一个大疑问。

四　实业制度与国家主义

以前所讲的，实业制度有什么固有的趋向，随后又讲实业制度和私产制度怎样互相影响，怎样实业制度影响私产制度，私产制度又影响实业制度？今天要讲的是国家主义与实业制度怎样互相影响，现在先讲国家主义的来源如何，再讲实业制度的影响。

实业制度如果随它自己固有的趋势，没有别的影响来阻止它。必定能使全世界生产和消费事业成为大团体的组织。因为在实业制度，是组织越大，做事更为得法的。所以，让实业制度依它的固有趋势发展，必定能发达使每一业成功一大公司所有。实业制度所用的是材料，那么，那种材料多的地方必定那种实业专在那儿发达，那里土地产生什么东西，不致再产到别的地方去。全世界关系愈密切，自然趋于统一了。

人类必定要靠别个来生活，若是生活的范围更广了，不仅靠别人并且还要靠别国，每个国家所生产的仅是自己生活必需品的一小部分，其余大部分还要藉商业来取给别人的剩余，这是最早一派实业主义者的理想。所以甲必丹（Cabden）及曼彻斯特一派（Manchester School）都是这样主张国际主义者，相信实业主义更发达，然后战争可以免除，和平的结果更多。

照事实上说来，从实业主义发达以来直到现在，历史上的方向却又是两样的。实业主义正在发达时候而无意地养成一种别的新势力出来，就是国家主义。国家主义的趋向渐渐地使每一个国家成立了一个经济主义单位，与以先所说的情形——使全世界趋于统一——完全相反。近来世界上纷乱的情形，固然是因为社会主义与资本主义的竞争，其实我看还以实业主义与国家主义互相影响的原因为更大。除非把这种绝对国家主义铲除，另有新方法来做补救的一番事业，才免掉将来的大害。不然，国家主义的破坏的势力不减轻一点，恐怕实业主义产生出来的文明，都要减退了。实业制度和国家主义互相影响的结果，正是今天所要讨论的。

国家主义的来源，也源于人类成群的天性。这种群队天性（herd-instinct），动物中间也是有的。成群的绝对性质，对内则亲爱，对外则仇视。此种天性的来源，也因在早先生活上是有用的，必需的，在实业制度发达以后，这种天性就没有用了。但它却仍然存在，有用时效已过的天性，不仅不废弃，他反仗之增加强力，这实在是一件可注意的事情：

以前一种有用的天性，到别的制度发生以后成为无用时，又更使它效力更强，这实是一可怪的情形。

这种群队的天性，凡属大动物或常住在一块的动物都是有的。比如羊，一旦离了群即不安宁，非常恐慌，必定要再跑回到自己群里，才能放心。要是有别的东西或别群的羊进来，不杀死它，就马上要给它赶出去；又比如蚂蚁，碰到外来的蚂蚁，必定也把它驱走或竟咬死它，在自己群中是很协同地生活，有时同出求食，食物找到了，用很和平的方法分配它。在经济方面，是很有法律的配置的。通常并没有什么争执，大概除非是两个雄的争一个雌的时候以外，是不会有战争。平常总是自己保卫自己的群，当外力侵犯时，就把外来的东西驱走或杀死，动物中的群队天性确是如此，人类中的也是一样。

在人类中间，这种天性更强，用起来也更有效。因为人类智能比较别的动物高，所以用起来也更得法。在早先，人类这种天性本来于生存上是很有用的，因坚强的民族可以战胜柔弱的民族，不能不利用这种天性来保护自己的团体，抵抗外力的侵犯。

这种坚强的民族既然占据了人家的土地，又生殖许多子孙，人数定然加多，势力也大了。世界上的坚强民族如高加索人（Caucasian）、亚利安人（Aryans）、闪米特人（Semites）、犹太人（Jews）及中国人都是如此。以外的民族多被灭亡了。在一个民族中间，群队天性如果非常强固并且又富于进取，则那个民族必定容易生存。这种天性遗传给他们的子孙才能永久存在。如果他们的子孙不能保持这种天性，使之长久坚固进取，那就必归于灭亡，这种淘汰是不可避免的。所以，今日世界上强盛的民族，都是经过许多世代长时间的淘汰出来的结果。与柔弱的民族不同的地方，就是有最强的群队天性，并且能遗传给子孙直到今日。近来生活情形有了变化，此种天性的利益已经减少到无用，然而仍然是留着。如爱国心、公益心、对于社会事业的忠心都是由群队天性生出来的好名词。

至于说到怎样的一种人住在一块才能使这种天性充分发达？这种情形极为复杂，很不容易弄清楚的，不过战争却是一个很可以发展群队天性的利器。因为有战争发生，自己群中，必定互相亲爱，同来抵抗别的一个群队。

刚才说，战争能使群队的天性充分发达，而在群队中间能为一个单位的，就是国家。但是国家仍然是人为的，有时一国也不能作标准，有许多一国中间，有不同的民族、宗教、言语，就不免于分裂，就是靠法律也管不下的。但是，有时也不一定，如瑞士就是一个例子。虽然是有不同的民族言语、宗教，而能很和平相处，有时这种情形又很难说。比如苏格兰的开尔堤克（Geltic）的高原的民族与英国并不同民族、不同语言（现在才用英语）、不同宗教，而能和英格兰的盎格鲁-撒克逊人联合很密切。而爱尔兰则不然，固有的语言虽然已经消灭，归于统一，而他们自己总觉与英国不同，另是一国。这种情形很复杂不易解释。

有人说这是因为英国待爱尔兰不好的缘故，其实不然。因为从前英国待开尔堤克高原的人也是一样坏的，后来因开尔堤克高原的人民不怀恨他，于是待遇又好了。由此看来，可见各国关于各国这种情形的解释很不容易，不过，在世界上，各大国如英、法、德等国却又不必可以说明的。在英、法等国，有更长久的历史，所以群队的合一，国家思想的发达，英、法两国最早，可以作一个强有力的例子，可以作为模范。别的国家模仿了他之后，这种天性发达，就不能不侵犯别人——或被模仿的国，被模仿的国就不能不为自防之道，又增加国家主义的强盛。

有人说，国家主义的趋向是因经济目的而定的，这个意思不对，甚至于有的时候，二者利害关系却全然相反，固然有许多团体确是由经济动机产生的，比如强盗为金钱而劫掠，政党为金钱而结合，这就是经济目的。在国家主义的行为，就是指着一个人旧属某一个国家，却全不是经济的目的，是由于本能和情操来定，常与经济方面的自利立在反对地位的。比如，英国帮助埃及，使它很富足，埃及方面仍然是想独立的。虽然他们也知道独立以后，经济力或因此而锐减，遭很大的损失，然而，他们还是不愿的。又如奥国使特利斯特（Trieste）地方富足，而那个地方的人民却又愿意归附意大利，经济上大受损失也不顾及的，这完全由于国家思想之发达，并非经济力量所能左右的。假使一个国家里面人人都以经济为目的，那就必像一群强盗或者如一个联合公司一样，不能有爱国心等的激烈感情生出来。

诸君！这是要注重的，因为我并不是说国家主义的发生竟无经济目的，不过不是它的根本原因罢了。既然有了国家，也许有人利用这个东西去谋利，为"经济目的"的。比方赌博一事，当然不能说它是完全经济目的，因为个人方面，如工作时间的浪费，金钱的损失，如果是完全金钱主义那就没有人干了。但是，既有了赌博一事，必有人自私自利来开赌场作得钱的工具。虽然可以如此，但说它的来源就如此，那就错了。国家主义虽然也可以利用到经济目的上来，但它也和赌博一样，是由人性里无理的天性发生的，并不是由有理性的经济目的而发生的。

虽然说国家主义是由人类天性而发生，但也不能不有人为的方法去鼓吹它，使它发长。所以，用人为制度去培养国民，使他趋向这个主义也是可能的。比如，两个男女没有爱情时候，彼此全不相识，但是经一个媒人介绍，也许可以生出爱情出来。爱情本是天性，但是也可由媒妁而发生。因为人类有合群的天性，所以用人为的手段，想出种种的法子使之发达。比如美国最初的13州，原先各有它们的爱国心，但对合众国的国家思想实是后来经过独立战争以后渐渐发展的。但那时候这种爱国心还不甚强固。看美利坚合众国后来国内的战争就可证明了。

在美国19世纪中叶，国内战争以后，国家思想便慢慢地造成了。虽然说外国人民迁移进来的很多，但是对它的国家思想却没有什么影响。美国的国家思想和在欧洲里头许多大国的国家思想比起来，不怕它们的人民是最统一、最联合，可是都差不了多少分别。所以，美国对这次欧洲大战争尽的力量，实是数一数二的。即使将来再有什么战争，它仍然是有绝大的本领，做称霸全世界的事业，比从前的西班牙、法兰西和这次欧战的德意志，更要厉害得多了。

关于美国的国家思想，如要研究迁移进来的人民为什么对它的国家思想没有影响，先要问问它的国里头究竟有什么好处？

因为迁移进来的人民如意大利人、爱尔兰人、俄罗斯人、犹太人，平常都是挨受很可怜的生活。而且在犹太人里头，时常一群一队地被人杀了，更为可怜。所以，他们搬到美国原来是为免却痛苦，并且觉得是很有运气的，即使在美国找不到很好的生活，也比原先是很自由、很舒服，仿佛跑到天堂来了似的。

况且美国向来有自由国土（land of liberty）的名称，宗教上没有说是不平等，对待白种人更都是一样，所以，移进来的人民，它是非常欢迎的，因而移民倾向美国的热忱，恰如痛恨他们祖国那样急切了。

然而，美国固有这样实在的好处，使得外来人民有得有安舒的生活，但如它的教育不发达，恐怕迁进来的人民也未必就有十分的爱国心了。美国的学校里都注意到教训小孩子。小孩子有爱国心，确是真的。迁进来的人看见美国物质上文明的发达，什么很大的机器、顶高的楼房，在在都足使他很生出景仰的心，自然瞧不起欧洲的情形，他既受了这种教育，子孙承而继之，从此一代一代就发达到很好的了。

在美国，实业主义和国家主义的关系，颇有特别的影响。美国民族虽然是很杂的，成立虽然是很晚的，但不会没有国家主义，就是由于实业主义发达的缘故，所以，实业主义影响到国家主义，美国是非常显著的。

大概实业制度影响到群众的天性，共有三点：(1)人同人协力做事的机会一天比一天多；(2)使人对国家思想——有意识之知觉——更加增进；(3)使人对外患的知觉更为明白。关于第一层，在讲实业制度固有的趋向的时候，已经说过，就是实业制度的组织很大，容易使群众的天性发展出来。关于第二层，比方有了实业制度因为交通方面如铁道等是很便利，组织方面也很复杂，所以，彼此来往的机会就多了；而且时常遇见外国人，更容易使得自己知道自己是本国人。此外，还有顶要紧的动力，就是教育和报章了。

报章的影响可说就是教育的影响，如若没有教育，多数人都是亮眼的瞎子，不能来看报，也就不能得到它的影响了。

报章为什么倾向国家主义呢？因为报章以商业为中心，倘不倾向国家说话，助长人们的爱国心就没人看他了，在商业上便站不住。教育就不同，它的国家主义，完全是群众天性的影响。试问问一般教员们，为什么在学校里给小孩子讲那些瞎话，如说自己的国家怎么地好，别人的国家怎么地坏之类；他们总回答不出一个究竟的目的。这和一般贵族总觉得应该夸耀自己，瞧不起别人一样。我们却总以为没有道理。所以在莎士比亚的戏曲里头如孟退格（Montagues）和加普来（Capulelts）要来和人家决斗，实是很可笑的事情。但这次欧洲的大战争，仔细说起来，还和它不是一样的吗？

教育给国家思想的影响，倒可以从反面证明出来。现在拿实业不发达的国家里头乡下人作个例：他们每天只知道在一乡里头讨生活，和全国没有什么交接，如若见过打仗的事情，总见政府要他们年壮的人去当兵，有钱的人供给粮草车马，他们虽然人人都来服从这命令，全是由于经验上的所得，恐怕不服从，政府便要给自己不利了，若是请他说出真正的理由却是不能，不像程度高的国家里头，人民都明白自己是国家一份子，就得去打仗。

这不同的地方全是由于教育上的差别。乡下人不知道乡以外还有别的地方，所谓历史地理是什么东西完全不晓得，对国家观念自然更是薄弱了。除非在本地时常和外国人往来，或可以增加爱国观念，否则，就恐怕一点儿国家思想也是没有了。

在小国家里头，如同巴尔干半岛上的保加利亚、塞尔维亚等，虽然说没有教育，人民却有爱国心的。因为他们常同外国人来往，并且国里居住的外国人也是不少的。一个村庄以外，或者就有他种民族住在这里，给他们作邻家，结果就影响到群众的国家思想上去，同种的村庄便来相助，异种的村庄便相仇视了。

大国内部若是没有教育，再不能和外国人时常交接，想要发出很深的国家感觉，绝对不能的。所以，在这样的国家里头，想要有国家思想，非用人力造成不可，人力就是指教育说的，那么，教育好的国家也就不会没有国家思想的。

适才讲实业主义和国家主义有三个影响，第三种的影响就是指外来的感觉说的。因为这个关系，实业制度影响到它，就生出两个结果：（1）有了实业制度，教育随着发达，报章跟住宣传，使得人人都知道外患的可怕，而且打算防阻了它。（2）再关于物理上的就是因为实业制度的发达，战争所用的器具就越发精密；而且不独是几个兵来打仗，所有的民都可以参与作战的事情，所以战争比从前就大极了。

这话是很容易明白，不必多讲的。我所要说的就是这种情形影响到群众的天性上，战争越厉害，人民越恐慌，国家思想也就越强。然而，因国家思想越强的缘故，战争又越发地多了。这也不过是一句当然的话。

上面那所说的国家主义由来的天性和实业制度怎样地影响国家主义？现在却另换一个较为合理些的题目，就是实业制度的发动怎么样影响于各国经济的关系，并国家办事的经济原因。

所谓国与国的竞争，必定要先有国家。没有国家，自然没有国际竞争了。但是，既然先有了国家，我们再要问由什么天性作用，怎样影响于国际间的经济情形？在最初实业发达的时候，人人都以为实业与国家没有密切的关系，所以都主张自由竞争，不必求国家的协助。每一个人都自信会比他的同行灵巧得多，以为他们完全自由，竞争一定可以制胜，就是国际间商务的竞争也是如此，好像实业制度越发达，则世界主义越发达，国家主义越减退。

在商业的时代，制造的目的在于贩卖。在实业主义刚发达的时候，制造的目的在于图谋生活，贩卖的事并不重要。比如人在荒岛，一切制造都是求其合用，在今日小乡村的人，自己生产自己使用，并没有买卖的事。在共产制度下，大家共同生产而平均分配，也无买卖之事。在前一种是个人自给，后一种是社会自给。唯有在商业时代——过渡时代——才有买卖的事情。

在商业时代，生产的人不管东西有用没有，只要能够出就得。只有消费的人，才注意买来之后有什么用处。在从前农业时代就不同，人人自己制造东西的时候，必定要注意这个东西好用不好用。在商业时代却只销场方面，必定多贴广告，大吹牛皮，引诱人家来买。固然要使人知道东西的好处，也要用广告，但是这班生产者的目的只在多销货，所以，结果还是聪明的人作广告，傻子就来上当。世界上傻子之多，能使他们发财还有余。这种商业时代的结果，就是商人要争"商场"。实业制度经过商人要争商场的情形，于是又产了一种新国家主义。

这种实业制度与国家主义的关系的第二期，就是国与国争商场，前此不过每一个小团体来竞争，现在那种情形过去了。大概每一国中只有大团体能存在，甚至只一个"托拉斯"去专办。它的效力才能很大，可与别国来争商场。

在这种情形中间，因为商人要与别国竞争商场，于是国家对国内即用保护政策，力保国内的商场，听本国人发展。英国有一种保护税法，凡国内输出的货，抽税很少，外来的货却很多，所以，外人不能与之竞争。在实业发达的国家，没有竞争的余地。所以，实业发达之国，只好向着那实业不发达的地方去竞争。现在世界上只有非洲和亚洲还有争商场的机会。于是商人的努力影响于政府，非要求政府出兵把那些地方取回不可。但是，政府出兵，也许它们的人民不愿意，政府不许可，商人唯一妙法，只有借报章来鼓吹。报章为商人所左右，自然不能不替他们出力。1914年到1918年这个大战争就是它的结果之一。所以，这回的大战，列宁说它是“国家主义的第一战”。以后的危险正多着呢。

但是，这回战争的结果，欧洲却产生一“新的经济时代”。因为种种破坏的结果，要买东西比卖东西尤其为难，与从前商务时代情形相反。以前是商人只要求能够售出他的货物，买的人可以自由选择，现在却是商人要求材料的时候。这次战争，欧洲许多机械材料都毁坏了，以后的商人却不要争商场，是要争“原料”，因为没有材料，自然不容有货物产出来。所以，以后的情形是买难卖易，买的人要求卖的人了。

这种情形也许是战后的一时状况，将来或者可以恢复原状的。但是我看一半固然是这样关系，可是除美国外，欧洲方面各国必难于恢复了。俄国有共产党的革命，根本上也必因为经济情形不同的，是由于卖出容易购买困难，造成了这个原因。

在战争的时候，国家常常把必需品收为国有，由国家专卖，对于每人的消费都有一定的限制，至多不能过多少。必需品，由国家专卖起来，这就是共产主义的要素。在战争的时候，一个国家的城子被围，则城内的粮食一定为大家所共有，虽然战后这种情形也许更变，但必有存留的地方，虽没有实行共产制度也不免要向这方进行。

第三期的实业影响到政治上的结果，如俄国现在的组织是已经完全做到的，就是把国家当作出产的单位，而不是一个商人。这个时间中的商业，不是造出物件要运往外国去——好像在商业组织的里头似的，乃是自己造出来，专为自己用的，依需用的量数，定制造的量数罢了。在俄国，共产制度是由舆论上发生出来的，舆论上有这种制度，就有这种制度的存在。但也不完全出于理论，亦系应实际上需要而然的，所以在这一国，实业制度是国有的，在那一国如若生产品有了富余，就仍然是像商业制度时要找销场的。

比方说汽油在现时世界上很觉缺乏，就容易用新的制度管，因为这一国如若有油，自己便把持住，不给与他国，他国就要用很大的牺牲，来夺取的。结果就必收为国有，到将来煤铁都归缺乏，仍然和油一样，要归到新的制度里头来。

临完的结果，便不像从前的样子，卖者和卖者相争，乃是买者和买者相争；不争销场，乃是争原料。因为商务是实业没有发达时候的一种遗传，若是实业发达了，有多少需用，就制造多少东西的。

实业制度鼎盛的时候，对于用自然界的原料，耗费太厉害，只要是制造得快，只管尽着快，永不虑及原料缺乏了，或是省一点儿用，于实业上也有许多的好处。现在关于煤油、铁等的数量，经济家估计五十年必要用尽。但是五十年后，虽不必就要用尽，大家总会发急，对实业制度总会有点改变，不像现在一般人的制造热，发售热，只图赚得到许多的金钱，别的都不管了。

新实业的态度，对于国家的利源，好像一个谨慎的人看待他的资本一样，却不像一个挥霍的人看待他的收入。矿要好好地开采，地要好好地耕种，但不像现在的第一代中发狂地制造，第二代中受着贫穷，第三代中忍着饥饿，而是继续地支持生活，继续地防止陆军和海军。

现在战争中的防卫，是促进国家由商业态度变做实业态度的有力的动机。大家都知道关于封锁这件事，对于商业国家，是怎样可怕的武器，因为它的生活和战争的必需品都无从得到了。

美国虽虑将来煤油的缺乏，后此数年中必将扩充海军的势力。但他在目前总可以算是完全足以自给的。英国要是海上霸权保存一日，则一日足以自给，但使一旦失掉了便不行。俄国和中国只要实业发达起来，便即可足以自给了。因为欧洲各国的进程完全是带商务的色彩，不是实业的色彩。纯粹实业制度在欧洲是不相宜的。

因讲国防的事情而生出共产制度——实业国有，总会是不免的。如若看见材料缺乏，就得恐怕，总要归为国有，免得被资本家把持住。而且看消费多少，便制造多少，制造只供自己用，不输到外边，国防的准备也就松了。所以，国家实业进步到共产方面，确是不可免的。除非国内外的战争，把实业全部打倒。不然，就决不能没有这回事。这个结果，以目前全世界的情形看来，并不是不会有的，不过倘幸而没有实现，则原料的收归国家管理，一定各文明国人为图自存起见所不可避免的手段。

假定国家的共产主义，即将在大实业国里首先发现，它的结果，是不是能减轻国家主义的凶险和破坏呢？关于争夺商场的战争，当然是可以减轻的，并还可以破坏帝国主义的一种动机。英国的所以看重印度，大半因为它是个商场，倘印度属于别一个强国之下，英国的货品必将因关税而不能进口。故扩张国威的动机，也必然因而停止。但是别的国家，至少须与它一样的强盛，要起而代之，霸占出产原料的地方。英国若一旦变为共产国，它为了煤油而与俄国争波斯及高加索，必与今日的动机完全相同。实际上论起来将来的战争，能引国民的感情，必较今日更为容易，因为今日还可说战争只是几个资本家的利益，那时的却明明是全国人人的利益了。因为原料缺乏的加甚，那争夺原料的战争也因而愈加猛烈，而最后的胜利必属于尚有富源未拓的国家。这个国家，必将凌驾全世界，而自己的共产消费的生活，又必靠在大多数奴隶工作的上面。但是不到那个时候，国家共产主义可以致世界和平的话，也似乎没有，或者才能得到和平的机会希望，除非把全世界分成几大块，每一大块是可以自卫而不足以打胜别人。

共产主义自然是带国际主义的色彩的，但是它的国际主义，似乎只是暂时的结果，因为今日全世界的劳动者都有同样旨趣与资本家抗争，共产主义的政府，其保持国家主义，必与资本主义的政府一样厉害。今日的俄国，已见其端倪了。欧西各国，若因共产主义而产生一个欧罗巴联邦，这自然是一个极大的成功，而也是多分会有的事。但是，要设想欧洲的与亚东、亚洲的一大块与欧西，联合成一个共产国，这是很难的。而设想欧亚任何一大块与美洲联合成一个共产国，也是很难的。而且，倘只为防止战争的缘故，则国土的扩大，自然是很显的趋势。而因商业的凋残与海底事业的发达，则海权国之不可能，也是很明显的趋势。照上面的几段说法，我们可以知道将来世界的组织，大概像以下所说的，美国统治南北美洲，俄国统治亚洲全部，俄国以外的欧洲一大块，统治地中海与非洲，以直布罗陀海峡（Straits of Gibraltar）为界限。这样三大块的世界，各自的防御，自然是很容易，要想攻略别块显然是不可能了。战争的习惯，自然渐渐地消灭，而国际间的关系，必变到极端的微细，而互相仇视之心，渐渐儿没有存在的余地了。

这样的时期未到以前，可怕的大毁坏，必将为国家主义所酿出，除非人们真能觉悟他们目前所做的事体真是疯狂。将来的美国对待日本与英国，必将与协约的国对待德国一样，而因扩张在华的利益，美国与俄国，必将有一场大战，而西欧一部分，因为东边受俄国的压迫，西边受美国的压迫一样，一定要堕落到极贫困的地步，到那时才肯忘却这次大战所遗下来的仇恨。到那时，世界上还剩下多少文明，这是很可疑问的了。倘使各国的政治家，稍微有一点儿常识，或一点儿人道，或者各国的人民稍微有一点儿明白。知道今日的所谓伤害敌人，其方法就是伤害自己，那么，上面所说的许多危险，也不是不可以免掉的。不幸世界上的人，其憎恶的心思总比自利的心思大，而最可怕者，人类必须看见一切统都毁灭了，才肯把憎恶的念头稍微地减轻一点。今日的世界，最危险的两件事体，就是（一）爱国主义与（二）阶级战争。物质文明的进步，可以助长人类互相残杀的能力，而使它没有合群道德的进步。不到这些好战的人们吃着苦痛的时候，人类总是互相残杀的；不到他们觉悟用近世破坏的势力任意的憎恶是使合群生活不可能的时候，世界是没有希望的。现今所急需要的，是道德的进步；人们一定当讲恕道、学容忍，不然，全世界人人吃苦、人人受罪，一切的文明便从此要灭亡了。

五　好社会的特点

无论什么人，譬如像我似的，凡是希望社会的结构上根本的改革的，早晚总免不了问自己这句话，就是：一个社会的制度里头有了什么就算是好，有了什么就算是不好？这固然大半会因各人所好的不同而回答的也不同。例如在历史里头，有人喜欢这个时代，有人喜欢那个时代。有人崇拜文质彬彬的时代，有的就对人说他顶佩服稍微野蛮些的时代的朴实的好处。平常人总不肯承认说自己的政治的意见都是从那些任性的好恶来的，然而我相信世上各种政治的意见的一大部分，要是推究起来，都是来自一种未试过、未验过，几乎无意识地喜欢这种或那种（实在的或想象的）社会制度的心理。但是我想，除掉这些个人的好恶和梦想以外，我们还可以找出客观些的原理出来，而我想自命要改革社会的人比别人更要紧的要有一个不单用他自己的好恶而评判社会制度的标准。

人的关于眼前事情的政治意见总有个辩护的理由——总是问这个或那个政策会有什么结果：这一着要惹出战争，那一着要生经济的奴隶制度；又是一着要把穷人饿死。但是，当我们盘算什么弊端最要免，什么利益最要得的时候，我们差不多总是已经在心里有了一个最爱有的理想社会的模样了。譬如这个人说他不怕战争，因为他想到那些荷马式的英雄豪杰觉得是很有意味的赞赏的资料。那个人说经济的奴隶制度不碍事，因为他想他自己和他的朋友们都是做赶奴隶的，不会自己去做奴隶的。又一个人说不怕穷人饿死，因为他自己已经私藏许多财物不会穷的，所以他就相信自古英雄都是艰难困苦造成。因此，他们所主张的政策就不同，而他们所以意见不同的内里的原因，他们自己和别人都不明白。因为不明白，所以就可以作无穷的争辩的材料。我们假如要使人的政治的评判变成有意识的，说得出的，因此更科学的，那唯一的方法就是，把人的表面意见所来自的理想社会的观念披露出来叫它见见天日，然后再想法子找一个比较这些理想社会的标准，或是用能受普遍赞同的程度，或是用别的长处来作评判。

我现在打算先研究几种常有的，但我以为不对的评判社会制度的法子，然后再讲几种我以为应该用的标准。

多数时代里多数的人，他们最常用的评判的法子就是顺着遗传下的偏见说话。无论哪个社会，只要不是过渡很快的时候，里头总有许多习惯和信仰从上代遗传下来，现在人绝对没有什么对它发生的问题，而且有谁不照它奉行，人家就以为简直不成话说。在这里头，我就可以拿宗教、家庭制度、财政制度等类作例。古代希腊人的特别长处，就是在他们通商过海的生活，使他们阅历无数的各不相同的风俗和思想，所以会对于所有的这些风俗都用怀疑的态度来追究它们，连他们自己的亦在疑问之内。我想我还记得希腊历史家希罗多德（Herodotus）有一段讲有几个希腊人和一个野蛮民族谈话，那些希腊人听见他们野蛮人死了都吃掉以为惨无人道，但是他们听见希腊人死了把土堆在身上让他去烂，觉得非常野蛮。像这样的同别的民族来往，一定会把常住在一个地方所得的坚固的习惯和信仰摇动起来。在我们的时代，非但是游历和通商，并且从实业制度之发生所产出来的社会制度的变迁，也有这种结果。无论那里实业发达到已经不是新花样的地方，那地方的宗教和家庭两个支持纯是遗传下来的社会结构的砥柱，总是已经没有管束人心的势力。因此，现今时代守旧的势力的薄弱是自古以来所没有。例如说私产制度的神圣不可侵的信仰，这个信仰的来源是从前家长制度的家庭，各人自己算是应该享用自己力量造出来的东西的权利和用兵力所得财物的权利。现在虽然这几层相信私产制度的理由早已不存在，现在虽然没有人找出什么新理由来代替它们，而人类的最大部分仍旧抱持一种不敢疑问的信仰的态度，大概总还是受教条当中"汝不可盗窃"

几个字的影响。这私产制度本来是从实业前时代遗传下来的，因为从前一个人或是一家子可以造整个完全的货品。但是在实业制度里，一个人总不会做出一个全东西，他做的大概是一百万件东西每件的千分之一。在这种制度，要说一人自己出力做的什么，什么就归他的，这话自然不通。譬如说一个铁路的货车上搬路闸的工人，请问里头载货的几分之几是他的劳动的代价？这个问题是没有答案的。所以要叫个个人得他自己力量所做的货物，这种求公道的法子是做不到的。马克思以前的古社会主义家动不动总主张这个除去资本制度不公平的弊的法子，但是他们的主张又是“乌托”好梦，又是退化主义，因为这是不拿大批实业的方法的。所以，可见得一天承认私产制度的不可变，一天就难除资本制度的不公道。那些布尔什维主义的人见到这一层，所以就把所有的私产都充了公给国家用。因为这种举动，直同私产主义宣战，所以全世界反对布尔什维主义反对得那么厉害。就是许多正式主张社会主义的人，他们想到把有钱人赶出公馆，让太挤的穷人进来住，也觉得不大好。这种天然的感觉，很难纯用理性来解它。能想得过来的人，像那些布尔什维主义的领袖，就只得对全世界做对敌。在平常人心理要纯用理论来破除守旧时观念，就是讲了一百年还不如真做出一个模范的社会，里头无论什么旧思想旧制度都不问的。我想过些时候将来人能看得出事情的真分寸，就会看出来布尔什维主义的真贡献是在实际上的否认私产主义，这种主义非但阔人有，多数人都有，在现在世界是一个根本上进步的大阻碍，大到非去掉它不能有再好的世界。

还有一样事情，会使人不知不觉地喜欢这种或那种的实在的或想象的社会制度，就是这种社会里有不有机会给他做他自己以为专长的事业。譬如拿破仑这个人，就是他小的时候，一定不会很热心于世界和平的梦想，现在许多实业大家看见撒缪尔·勃得勒（Samnuel Butier）的“埃而荒”（Erehwon）国里头机器都是犯法的，一定亦不会赞成。同样，要是有个社会，里头画的画必要经过县衙门里通过才准发表，美术家就一定不喜欢的。许多美术家反对社会主义也是这个缘故。在17世纪，许多科学家因为宗教压制的原因很难成他们的事业。同样，现在在俄国的学问家反对政府的逼着他们一定要依马克思主义教人。喜欢差唤人家的人（这就包括世界上多数有才干的人）一定不赞成无政府主义，因为不能用权威制服人家。他们要是自己不是握权的人，一定反对现在的主权，但是到推翻了它的时候，又要拿自己的权柄

罗素和勃拉克访华时与随行翻译赵元任夫妇等合影

代它，并不是要废去权威，因为在一个世界里个个人要是都能要怎么就怎么，那么有用的人才干的人就没有发展的机会了。至于喜欢自在的人，就恨很固定的制度。他们一定反对很严格的教育的训练。在欧战的时候，他们叫它普鲁士主义。要是他们懂得一点俄国的情形，他们就会叫它布尔什维主义。我自己的性情上对于这种自在的态度也很表同情，而且我天天看见中国的情形更觉得如此，中国可以算世界上最逍遥自在的国了。可是现在不是讲自在的时代，亦不是可以让这种性情上的偏向来定利弊。现在的时代是现在为将来计的，是这一辈为下一辈计的时代。

还有一样事情多少有点无意识地影响于人对于社会制度的判断，就是问造成这种新社会的手续是不是他们乐意的事情。我怕有许多革命家不免有这种目的在他心里。世界上一定有许多人恨压制的人比爱被压制的人厉害得多；有许多人的心理以为凡是慈善的感情都是可厌的、骗人的事，他们所有的革命的热心大部分都是想到惩罚那些中产阶级人的痛快发生出来的。这种人自然在激烈派当中不会没有的，因为他一定要用激烈的手段才会觉得痛快。有许多人的爱国心和军阀主义都是一个源流来的。想到打仗（或者多数是想到使人家打仗）是很有趣的事情，所以爱国心就有会发生战争的好处。我并不是说人都自己觉得有这些冲动影响于他们的信仰，不过我要说就是这些冲动有那种“解心术”里所能披露的无意识的冲动的作用，而且我想最要紧的就是把这些冲动的作用的拖出来叫它见天日，使我们看透自己心中的暗鬼，又尽我们的力使人家亦看透人家自己的。因为埋在暗处的无意识的冲动要是不发现出来于理性有妨碍，讨论所不及，一定不会有客观的结果。

有许多社会学和政治学的著作家，他们判断一个社会制度的好坏，就只问造出来的结构是不是看起来很像样的。他们有时候忘记了社会是个人组织成的，社会的得失总不外乎从个人生活的情形上看出来。他们当着国家是自己存在，除了他里头国民以外另有生活似的。他们所谓国家的好处大概是一种美术的或是道德的满意的地方，不过他们自己不觉得有这种标准就是了。《圣经》说上帝造了世界，看见造得很好，我们知道一定不是从住在世界上那些不幸的人的观点看的，一定是一种所谓高尚的观点，大概是美术的赞赏的态度。同样，社会理论家造出些理想世界，他们虽然会想得到一定没人爱住在里头，但是偏赞成它。因为里头样样事情又干净又整齐，什么时刻个个人照中央的计划做什么一定的事情，他们服从那个管理人的命令犹之乎全宇宙的服从上帝的命令。那理论家自然觉得自己是坐在行政官的椅子上。这种社会理论从黑格尔（Hegel）的哲学的势力在大学教授当中很通行。他用它来赞许普鲁士帝国，他的各国的徒弟就在各国帮助守旧的势力。自从欧战以后，黑格尔的势力打一个大折头，人家说起来总算是因为德国侵犯比利时的一种不可解的结果，但是，别种形式的相似的主义仍常有存在的。实业主义的应用于程度浅的国里的，多分都是这种的。有实业思想的人再也不能想让许多爱懒的人民整日地坐在香蕉树底下，等香蕉熟了掉在嘴里就吃，那么样享有不生财的懒福。有几种社会主义不免有这种偏见，他们只要求造成一个理论上很好看的国，不问它里头人民的情形于这种制度合得来合不来的。帝国主义的一大部分亦是这样的。在地图上看见一大片自己国土的颜色是很愉快的，看见自己的土地东一块西一块被人侵犯剩下来不很整齐的是很不快活的。我们用观赏的态度而不用实际生活的理论，这种思想的习惯的来由，是因为我们对于自己暂时观察时意见觉得要紧，而对于多数的别人在政府底下受苦的地方容易忘记。这种习惯是社会学许多谬谈的来源。无论谁要作社会学家，应该天天自己背一句很简单却是很要紧的格言，就是一个国家是人民得要在里头过日子的东西，不是专门给人家书里念的或是好像从山顶上看风景似的观赏的。

以上所论的是几件我们以为错误的评社会的法子。现在要讨论我们能赞成的法子了。

一个好社会里有两个条件：第一，社会里人民现在的幸福；第二，社会以后再进步的机会。这两件并不总会同时并有的。有时候一个社会里一点现在幸福都没有，而有将来变成空前未有的大进步的萌芽。有时候一个社会里有很多的普及的幸福，但是一点没有进步，到后来变成衰败。所以，我们在研究理想的社会的时候，应该把这两件当作截然可分的两种成素。假如社会的物理学比现在进步些，假如预料的方法比现在靠得住些，那就将来进步的方面比现在的幸福更要紧。但是，在事实上，政治学去科学的程度还远，社会的将来又是那么说不定，所以，现在知道必有的幸福，一定可以比得过将来更大、更长久的、但是未必一定有的好处；俗话说“手里一个鸟值得林中两个”——在林中要是连有鸟没鸟都不知道，这话更真了。所以，我们先讨论讨论什么可以增进现在社会里的幸福。

五　好社会的特点

要评判一个社会的现在的幸福，有两种错误我们应该改的，就是贵族的错误和局外人的错误。我们刚才已经谈到从外面旁观的错误了。贵族的错误就是只问对于社会上少数的占优先地位有什么好坏。古代埃及和巴比伦的君王、教士和贵族，过得非常地舒服，但是社会上的别的部分大概都是些奴隶和下属，他们的生活一定是很穷苦的。现在的资本制度的大资本家，亦有很快活的生活，他们又能练练自己的才干，又有物质的舒服，又被人羡慕。但是，多数的工人可只能做一个大机器的一部分罢了。他们因为生计问题，不能不被拘束在这种地位，除了罢工或革命以外没有可以得自由的法子。但是这种法子自然于他们生活上亦很危险。为资本主义辩护的人常赞扬这种制度可以给有才干的人发展的机会，但是这还是一种贵族思想的错误。在新国里头，譬如像前美国或是现在的南美洲，那句话还可以说得过去，所以在这种国里，我们看见的资本制度是顶好的现状。但是在老国里头，它的富源已经都开辟了，它的人口已经增加到尽土地所能支持的数了，那时候所谓发展办事才干的机会不过限于少数人罢了。例如，美国铁路史的初叶里，尽是些大冒险的大事业。那时代的铁路大王犹如十七八世纪的海贼似的。但是要看现在英国的一条铁路，那不过是一件很平淡的事情；它的资本大部分是在无数少女和孤儿的手里的，不过交给委托人管理的，它的董事就是几个睡昏昏的贵人，它的政策是守旧的，亦不鼓励人家做什么新事业。有人从表面上看起来，以为这是英美两国人性情不同的缘故，其实是因为地理和实业发达程度的不同才如此。但是无论如何，就是看40年前美国资本制度最近情理的时代，亦不过是几个异常好进而没有顾忌的人才会得法。这类人照定义说自然总是占人民的少数，但是，一个社会制度只能给少数的人满意就算好，这些不还是贵族的错误吗？我恐怕有许多社会主义家亦犯同样的错误，他们想象实业在国家手底下发达的时候，他们看见自己在这极乐世界里做国家管理的一部分，不想到做平常做工人当中一部分的。大凡在一个中央集权的官派的国有社会的制度里头，那些主持行政的人，他们除了不私拥巨产以外，其实享尽了现在资本家所享的权利，而且，在现在这些好胜的资本家他们并不定在乎发财享福，不过就把经济的发展做他的威权大小的一种标记，可以使他的同类恭敬他罢了。但是，在国有社会主义里，非但实业的主持者有特别的舒服的生活，所有的行政官员都是如此的。你想一个人坐在公事房里拿干涉人家做事来做自己过光阴的法子，自然比在矿里做工或是在轮船上添煤的人快活些。可是有许多种的国有社会主义一点不顾到补救这种不公平的地方。从实业制度所发生出来的不公的地方，除贫富不均以外，还有许多别的呢。除非这些别的地方亦改去，那么就是有了社会主义，其实平均工人的生活不会比现在快活到哪里去。这一层是常为劳动政党和官派思想人所容易忘记的，因为他们总想改了过来，他们自己是做首领的或做官的，不当平常的工人想的。所以他们对于自己所要创造的社会的评判，其实亦含有贵族的错误在里头。固然也许世界上的病须得要一样一样地医治，也许要先治了贫富不均的病，然后再治权力不均的病，或者做事苦乐不均的病更要晚些医治。也许一个中央集权的官派的国有社会制度是不可免的第一步。我并不是否认这些话，我所否认的就是说这种社会就算是好的，我想随便谁，只要能替社会里个个人的生活都设身处地地想想，他就一定不会满意于一个只让少数人有用能力和智能机会的这种理想的社会。

一个社会的制度，要不限制幸福于一阶级或一种性格的人，而使它普及到个人身上，就一定不可以太有系统或太有规则，一定不能是一种喜欢管理的人脑子里画出来，用刑法和刺刀维持的社会。因为各人的生性不同，他们所需亦不同，我们应该设法供给人人所需的不同，以不妨碍别人为度。侵掠的冲动自然应受限制。这种限制的缺乏，其实是现今世界大病之一。但要解放人的各种创造的冲动亦有同等的必要。这就可见严格制度的险处。一个军阀机器或是一个实业的机器待个个人一样的，只有少数的几个主持的人在例外；此外没有出格的机会；不是从上头命令下来叫做的事情就不赞成做，对于不愿意自认为大机器的一个轮齿的人，一点不能容忍。

恐怕一个社会制度所应有的最要紧的特性，就是它一定要是一般人民所相信的。近五百年来，欧洲在我们所谓“文明”的方面进步的可以算空前所没有，但是同时一步一步的所有的信仰都渐渐地消散了。我并不专指宗教而言，宗教固然亦是一部分。我是说，现在的社会制度所根据的前提亦受摇动；所有主权的所在，人都对它发生疑问，对于所有的相沿下来的制度，人亦不再不言而认。这回的战争和俄国革命可以算给所有剩下来的信仰刺了末了一刀。在欧战的起首，平民政治还是一句同仇的目的，人还有肯为了这个信仰牺牲自己的生命。到打完的时候，就剩了可怜的威尔逊总统一个人还孤零零地对着一个冷世界提倡他的主义，这世界不过耸耸肩膀，还照旧样做事，一似他没有说过话似的。也许社会组织的存在免不了些许不公平的地方的，无论如何，一时总免不了这样的。但是，在信仰坚固的时代，人常以为是命里定的，所以，后世人看来是不能忍受的苦他们忍受过去。现在可不然，现在相信不公平的，只有从中取利的人。而且，就是这些人，他们心里亦觉得他们的信仰不诚，不过是一种掩饰私心的心理罢了。不过，在这个控告里头，我要除掉美国的大资本家，他们不能算口是心非，因为他们的不懂近代思潮，除了几个中部非洲黑人之外，没有比得上他们的。所以，美国资本家还是诚心地赞成资本制度，但是，别处的做生意的人只不过希望它延长到他们死时就够了。可就是他们，只要有充量的机关枪和战船来打死或饿死那些鼓吹一个（在他们心窝里其实也赞成的）主义的人罢了。这种不诚心的信仰亦不能给他们快乐。那些资本家总还想骗自己，说对俄国的战争是一种义军，但是在全欧洲没有能够真骗过自己的。除掉资本家以外，没人能够做出个赞成旧制度的影儿来的，人人都看见旧制度是发生欧战的、封锁俄国的、践踏爱尔兰的、饿死德国奥国的、拘禁或杀死社会党的，而且在我们旧文明将倾的大厦里，还是依然地同名为“朋友”的各国玩从前的明争或暗斗的侵犯政策，这种制度不会造幸福出来。非但名义上失败的人受苦，非但败国或是小工觉得生活没有意味。就是欧洲西部光景好的人亦失了一种值得生活的意味。生活既然没有目的，人都往快寻娱乐上去。但是，这种新添的娱乐更使人生活无味；肉体的娱乐愈多，精神的穷困愈甚——人心里不觉有什么幸福的味，只觉得万事皆空似的。

要治这种病，只有使人能真有信仰的一个法子。凡是一个法子，凡是一个人，必定要觉得他一生是要紧的，才能会快活。要是他一天只有愉快和痛苦的来复，一点没有他自己以为有价值的结果出来，他就一天总觉生而无味。在现在，多数人这种心理是隐着自己不觉得的。因为自己不觉得，所以更难免它。好像一个鬼总在人肩膀后头，时时刻刻伸到耳朵边说两句酸心的话，但是从不能面对面看见的。一经见面承认了，这种丧志的心病可以有法医治，但是这个需用一个新的信仰，一个可以代替娱乐的目的。虽然话似古派，我想，个人或是一个社会要是没一种责任心或义务心，很难有满足的生活的。

现在维新的人所能信仰的又完全没有迷信的，只有一种义务，就是对于社会的义务，从前还有一个时候可以把上帝、国家、家庭等名辞来感动人心，这种时代已经过去了。这些信仰是战争时候年长的居高位的用来赶年轻的上屠场上用的。那时，多数年轻的人相信那仗是的确为了一件要紧的事情打的，但是，现在仗算打完了，他们也明白他们误会了。这战争里生出来的结果，除掉生出反对致战的制度的革命声外，没有别的好处。败国的旧恶尽被胜国学了去。现在唯一的新希望还是从俄国来，就是这回战事上最失败的国。我相信世界上只有共产制度能再造世界的幸福，医治战祸留下来的病态，能使人觉得除寻乐外还有值得做的事情，可以制驭人的因穷困而残酷的野心。现在，俄国共产党对他们所提创的制度的信仰固然是有点粗简，手段有点辣，也许都有点不到时期，但是，它能使人民有一种别国所没有快乐；它能使人耐苦冒险而保存一种新鲜畅快的精神，是黑暗的西欧所没有的。就是共产制度一样别的权利都没有，光是它能当一种创造的信仰，能使新人物实际地信奉，这已经可以够做世界的新希望了。

现在，我们要讲一个好社会的第二样特点了。就是它一定要能前进的，一定要能往再好里进步。这基本的进步是很少从舒舒服服和社会现状相全的人来的。例如我们要希望有个新世纪，总不见得指望那些资本大王提倡的。同样，现在我们假如设想共产制度已经成立了，那时社会上的新进步多分不见得从上头管理的官员或是无论什么因改受累的人提议出来的。社会上各种进步总是来自创造的人物，科学家、美术家、思想家，他们多数大概也是社会现状的批评者。许多人受了商业思想的影响，总以为要紧的进步就是制造方法的进步、机器的改良和交通的改良等。这个一向是有这事的，因为从前人工的出产不足以使个个人有好好的生活。但是现在不然了，有我们现在科学的生财的方法，只要有一个科学的共产制度的组织，应该可以没有人过劳就可使个个人有舒服的生活。人生上既然有了够用的物质的货品，就用不着再多积聚什么多余的。这都是有了商业竞争的制度，再加上极富人家用途的奢华，才使得货物的量看得很要紧似的。我们物质文明的程度已经可以够使个个人够用而且有闲空。所以，现在要紧的进步，不在物质而在精神上。我们总希望在共产制度底下，有许多从消除奢华和军费上省下来的能力可以用来求知识和增进人生的优美，可以把从前实业前时代少数人所有的美术的长处叫回来散布于社会全体。但是，假如要希望这个，一定要让创造的人有完全自由，像科学家、美术家等。这些人一定不可以处处受政府的管束，或是一定逼着做合于时宜的事情。要是没有自由，那么，无论什么比本时代看得较远的人，一定不能贡献他所见。凡是改良的事情，在初改的时候，总是为多数所反对的，但是，没有时时改良的事情，社会怎么能进步？所以，异常人的自由权，只要他的事业是创造的，不是破坏的，这是无论什么社会的进步的最要的条件。在行政人的心里，总以为自己像天帝似的，能判定无论什么新思想的好坏。这种心理很危险，而在初行共产制度的时候更甚，因为这时候行政人的权柄会比平常还大。要免这种危险，只可以特别承认创造的事业的要紧，而且承认最好的创造大概总是为当代人所指斥的。美术家和科学家一点都用不着特别的奖励，因为他们当中最好的并不在乎这些上头，他们本来因为爱作而作的。但是最要紧的就是给他们创造的自由和发表的机会——例如一个科学家有了什么结果，应该能发刊他的报告，不可以令他先巴结了印刷局的局长才准他发刊。这种希望自然而然地会实现，只要共产制度来的时候是用解放多数人的精神，不是用惩罚少数人的意气而来的，只要是因为我们爱所要创造的好处，不是因为恨所要铲除的坏处而来的。在这过渡时代，要使进步加快，自然难保不用恶恶的心来助人的毅力，但是更记得凡是消极的主义总不能作为基本的目的。设使拿仇恨心来做基本的目的，所造出来的制度一定是很专制和严酷，非但在该如此的地方如此，就是在妨碍进步的地方亦然。我们所要创的世界，是一个尽是希望、尽是欢悦的世界，不是一个专门为着限制人的恶性造出来的世界。不好的冲动固然应该受抑制，在这过渡时代它们还强的时候更要紧，但是这不过是一时的事情，不是它的主要的目的或精神。要想改造出一个较好的世界，我们主要的目的和精神一定要重在解放人的创造的冲动，使人人都可以见到用了这些冲动所造出来的生活，比到现在这样一辈子发狂似的抓人家所要的东西所造出来的，要快活得许多倍。共产制度一经实行之后，可以安排人生物质方面的事情，使人忘记有什么麻烦，可以让人的精神空下来，自由地做出使人类真有荣耀的事业。

罗素

谈中国

中国到自由之路

——罗素临别讲演

我歇了许久没讲演了，今天我作最末一次的讲演，我心里着实不安。因为我对于中国人加我的优礼未曾报答；而且我很想在中国多住几时，多领略一点中国的典章文物。但因为身体上种种不得已的情况，不得不和诸君别离；忠心耿耿，徒抱歉忱！

现在世界上无论哪国，都应予以改造。改造的责任，自然要归青年担负。现在中国的青年，颇富于进取的精神，是件可喜的事。

外国人冒昧而予中国任何问题以一种意见，实在冒着闹大笑话的大危险。像我这般情景，旅居中国的时间，是不久的；中国语言的知识，又是空无的。这种危险，更所难免。中国人有一古旧的繁赜的文明。现今存在世界上古旧的文明，中国可以称最。中国相沿的习惯，和欧洲迥然不同。中国于过去的时代，在哲学上、艺术上和音乐上，成就了极大的事业；但从这已经成就的数点而观，实际上独立于欧洲影响之外，和来自黑伦里克的（即希腊的）文明，相去极远。像这么一个社会，它的宗教和道德的组织，自立于耶教之外，要叫欧洲人勉力理解它的情景，心理上想象的结果，是一点儿也得不着的。再加上近代中国的事业难于确定，任何欧洲人试为中国国民提出一改造的方式来，就更加难免要误入歧途了：这是件显明的事。因为这种种缘故，我常劝以“谋社会改造为己任”的中国人，自己去规划自己的方式。不要全然依赖外国人智识上的帮助。话虽这么说，然而我现在毕竟不揣冒昧，把我对于中的情状，和它可以改进的方法的一些意见，贡献于诸君之前——这些意见，是我于与诸君接触之间渐渐地发生出来的，并非初登中国岸的时候，就呈现于我心灵中的。

就现在中国情形看来，我觉得有两件似乎极普通而极显明的事：第一，中国统括地采用欧洲的文明，是非我们所愿望的；第二，中国昔相沿的，是不适合于现在的新需要，应向彻底崭新的表示让步。

欧洲的文明的恶弊，已为所有细心的观察家洞见于此番大战与其结果中了。当此番大战发生之初，许多欧洲人以为这等恶弊，非产生于我们的制度之中，但须那方面战胜，即可将它灭绝。现在已证明其为妄念了。欧洲文明的基址，是资本主义的实业主义。这种制度，虽然在早年时代，致成无量迅速的技术上物质上的进步；然而，不免引人类到更剧烈的破坏的战争路上去：初为市场而战争，继为原料而战争。这是不可不确信的：我们西方的文明，或将毁灭于这类的战争，和因资本家与劳动者之对立而发生之部分的战争中。纵或我们西方的文明不因战争而毁灭，尚能残存，然所可惧者，彼将更成机械的，对于个人的地位及其特性，益增蔑视，与日俱长。这种机械的文明。颇难望其有丝毫价值，所以中国人要不去专事摹拟西方的方法，始可为自己的国家或世界图谋幸福。

从对方面说，中国自昔相沿的文明，设基于儒教之上，而又调剂以释教，已经到了自然剥落的程度，不复能鼓励个人的成就，或解决中国现所隐伏的内外政治的问题了。盖自千年以来，中国的文明，已呈凋残气象。渐失其力，有如希腊罗马的文明，在野蛮人的侵袭之前数世纪，失其庄严一样。我想，这些恶弊，是崇拜古化，不问古化之价值为若何，所不能免的。每个时代，必须自为思想，自为感情，去解决本时代的问题；无论祖先当代如何明哲，不应寻求智慧于祖宗的言辞之中。我皆听欧洲人说：中国如果抛却其对于孔子的教训的重视，中国将于道德上破产。中国如果黜革这种教训，则精神区域内要变成真空：这或许能成事实。但是，假使有一较新的教义创造出来，更适合于现代的问题，也能有如孔教在创始时代一样地鼓舞人民的信仰，一样地鼓舞人民的热诚，那么，那些欧洲人所说，一定没有那一回事。

所以，假使我说的不错，中国的改造家，不当专去摹拟西方以求新奇，和不当专去保存自己国家历代相传的文明一样。换句话说就是，既不要盲从西方的文明，也不要保存中国残留的古化。我实在见到将来的中国，和过去的一样，对于文明之创造，将有一特异的贡献，且不仅在数量上，增加了世界的精神区域而已。

今日进而研究你们事业的切实情状。有理性的中国人，都认为无政府的军国主义的现状，有从速灭绝的必要。这是所有的改造家，自最温和的以至最激烈的，共同一致的见地；但是，如何绝灭的方法，却是议论纷纭，莫衷一是。在欧洲人中甚至因此而有一种赞成复辟的意向，但是，这等步骤殊难得进步的中国人采取。因为不是恢复旧状态，才能解决新问题的。

这是显而易见的：根本的永久的解决方法，自然唯教育是赖。但“教育”是个略有几分含糊的字，名副其实的教育，决不是在如现时教职员罢课所表示的政治状态之下，所可求得的。中国现在所需的教育，要普遍的新式的。必不可像从前的时代一样，只有侥幸的少数人有读书的特惠，也不应以仅仅读些古书评些古书，就算教育；教育必须是普遍的，是科学的。科学又不仅取理论的，必须与近代实业经济有密切的关联的。大多数的中国人，一日不受教育一日便不能支持一种实业的状况，或抗拒残忍侵略者的野心。

但是，欲在像你们中国这一个国家，造成这一种切实的教育制度，是一件巨大的工程，就是政府能够竭其诚心以相助，也必须30年的时间，始得相当的效果，你们首先就不能供应教育人才的需要，没有比现在更为发达的实业，也不能供应教育经费的需要。而且你们不等到有比现在较好的政府时，你们也不能施行那开始的方法。虽然，现在若用教育的方法，也能解决了一切的问题，成就了一切的事业。如此，依数学家之说，是必须的条件，而非充足的条件。因为教育的需要，又想出它的前提：经济与政治的问题了。

你们中国实业的富源，于最近的将来，要引到实业主义的大发展境地：这是我取断言的，我并不以为；实业主义之于中国，是个以铁链制成的拦护物，能使物产不至流失，富源不为他人开拓，也并不以为；实业主义之于任何国，都是不利。我以为实业主的发展，是任何情形都免不了的；既是任何情形所不能免，要去争论要不要它，简直是空费时间而已。如今所要注意的是，中国实际上重要的唯一问题，便是实业主义之发展，仅有极少度连带的恶弊，而有极大度国家的和文化的利益的问题，现在世界上所有强国，对于中国物产的富饶，垂涎已久，都渴望于你们财源的开拓，占一位置，中国人民若不能发展比现在更强的国民力量，就不能抗拒外国的实业主义家所煽动的侵略。

前美国驻华公使克兰氏曾以中国政府不能维持秩序为论据，主张国际管理之说——这种期望自然因银行团而发生的。我以为这不应该仅仅施之于中国，就是世界各国，也应以此施之，假使英格兰置于国际共同的管理之下，则爱尔兰境内劫掠残杀的势力，便可扫灭。在美国的地方，克兰先生这种提议要为人采纳，也很有益的。美国常隐有拳匪叛乱的形势——即反对黑人的事。若置该国于国际管理之下，这种叛乱，将立为非洲各部分调来的黑军所扑灭；即于纽约城中第五大道（一宽街的名）上，为最有名的遭难者竖立一纪念的拱门，那是大快人心呢。世界所有的国家均置之于国际管理之下；凡欲促进战争停止（唯法律国际间无治状态而代与，始终有促进战争的停止）者，皆应以此为最后的目的。然所谓国际管理者，必须极其平等，视异种民族一无差异使其中无人受其他的同盟的人行使暴政的影响。中国政府不良，固是毫无疑义的，然其他各国政府，又何尝不如是呢？至于中国政府所作的恶，是否有如这次大战时得胜国所作的恶那样地多，我还说不定呢？要之，中国政府并不劣于其他各国政府，所以我认为非俟中国的国家，确信其能生存，且足以抵御藉海陆军以窥探中国财源的外国资本家的时候，国际管理，终非中国之福。

中国人的爱家心，是热烈的，爱国心却是淡泊的；所以，政治社会方都陷于沉痼的状态之中，我以为中国最紧急的需要的，是自动的爱国心之发展，发展于受过教育而且足为人民表率者中，尤为紧要。日本的侵略政策，已激起这一种的运动。但是，假如中国欲免为人制服，这爱国心的表现，不可就认为满足，还要有较此更为活动的，本能的和普遍的发生。中华帝国立国数千年之久，从未遇着真正可怖的仇敌。即有鞑靼满人亦曾入主中国，然因人数不多，且窃据不久，于中国文化上遗迹甚微。因此，在中国国民自习相沿的道德上，出于自卫所必需的爱国心，是很薄弱的。这出于自卫所必需的爱国心位置，却为忠君心所侵占，自改民国以来，这爱国心的代替者（即忠君心），亦已毁灭。不幸中国国民恰于此时遇着空前未有的真正可怕的敌国侵略者的危险，因之祸机四伏，苟欲免召灭亡之祸，最紧急的需要的就是爱国心了。

假如你们欲保持你们的独立，必须把那对于家族的爱忱，移对国家上面去。家族的团体太狭，不足以适应现代的需要。一个种族，若只图扶助家族，像中国人扶助得那般热烈，那么，就不能发达对于公共事业上的忠诚和的热心。近代的国民，不能发达这种忠诚和热心，是难望兴旺的。

希望于短时间内，把公共精神传播于民众中，实是谬想。因当改造之初，这并不是一定需要的。我看只要有一万有决心的人，为一种理想所激动，而志愿冒着自己性命危险，也就能够护得政府的权柄，改革中国的制度，促进实业的发展而使之免却与资本主义相伴的恶弊。这一万人必须是正直的，勇敢的，有智力的，不沾腐败气习的，工作不倦的，愿意采纳西方长处，而不是像许多欧洲人和美洲人，为机械的奴隶的。中国的恶势力并不强固，只因历来对他们所生的反抗，太偏于理论而不能真见实践，所以这些恶势力，看来好像很强固的样子。

我发现一个问题，于所遇着的有思想的中国人谈话中。这问题便是“我们中国怎样能发展实业同时，免除资本主义，和它所有的恶弊的发展”。这是一个极困难的问题，我不知道你们能切实解决它不能。当我初到中国的时候，我还以这个问题为不能解决的；但我现在觉得你们如果能生出有如我上面所说的一组有决心的人，便能有解决这个问题的希望。然在中国直接从经济问题下手，是没用的；政治的问题，一定要先行解决。假如你们没得强固的、正直的国家，健全的修明的政治，无论任何纯正的社会主义或共产主义，都难成立。例如你们的矿产，现在徒拥国有的虚名，获得的赢利，归督军和他的军队，而不归人民：这种事实，是像太阳到了中天一样的明显。所以，改革中国，必须先图政治之改良，然后再图各种经济的发展。

中国政治的改革，非经过若干年后，不能摹拟西方的模型，采用德谟克拉西的体制。德谟克拉西以为，一国国民是能读书写字且能略具政事知识的。中国国民，若非等到谋公共幸福的政府成立之后一世代时，是不能满足这些条件的。我们将来应当经过一种类似俄国共产党的专制的途程，因为只有采用这一类的方法，人民必需的教育才能普及，不染资本主义色彩的实业之发展，才能成就。俄国布尔什维克，因为做个开路者的缘故，不免作出许多谬误的事体来，尤以反对农民的手段为甚。你们现在却很敏捷地废除这些恶劣的手段；凡要和他们走同一道儿的，若引为前车之鉴，是很有益的。当我在俄国的时候，我对于布尔什维克党，他们将其方法和目的，介绍到西方国家去的那种尝试，极其开心。但我相信这是完全无用的尝试。因为，西方国家已有发达的事业，和受教育的平民，德谟克拉西必为其保存着。若在俄国和中国这些地方，这类条件全都缺乏，人民既没有教育，又不娴熟实业的方法，所以俄国式的手段，是最适宜最可能的。

关于组织非资本主义的实业，许多不同的学派，提供出许多不同的方法来，有无政府的共产主义。在这种主义的地方，简直像在昔之波兰及今之国际联盟会中一样，要不是异口同声地一致意见，总难得有决议。有工团主义，是行业结合的同盟之一种；有国家社会主义，是俄国采用的制度；还有基尔特社会主义，是工团主义和基尔特社会主义的混合物。无政府共产主义、工团主义和基尔特社会主义，都是为已发达的实业设想，都是为实业主义的习性设想。它们只适用于实业已发达的国家，而不适用实业未发达的国家。所以，在一个实业未发达的国家，不能以它们作倾向社会主义的第一步。实业幼稚的国家，依我的意见，应该采用的资本主义或国家社会主义。所以我如果遇着这么一个问题：“中国不以资本主义，如何能开发实业呢？”我必定答道：

“第一步唯有采用国家社会主义为最切当。”国家社会主义固然有些重大的障碍物，且在未发达的国家，容易发生许多资本主义的恶弊。但国家社会主义，很容易促进教育与实业的发展。我相信：当教育与实业发展到相当的程度的时候，就能被驱除那种障碍物和恶弊，这是比较等到教育与实业被人把持时，像英美那个样子，然后再去殄灭资本主义，要容易得多。

在布尔什维克实行上，有许多不关重要的事，我不愿意见人模仿这不关重要的。重要的改造的方法，是矿产、铁路、水道及一切城市和实业的地基，都归国家所有，都归国家开拓。（理论上农业地也应归国家主有，但此对于农民方面发生困难；所以，在小业主的国家，这是大部分非政治上所能实行的。）要想这种制度免除资本主义弊端中贫富不均的现象，那么，管理这类产业的人，一定要具有热忱，而不像那资本家一样，掠夺工人之所有物。这是需要牺牲一己的精神；这种精神，是以极大的热忱而造成的，是以信仰一种理想而造成。进言之，要想国家社会主义的制度，且于人民受仍作官僚的专政，那么，实行这主义的人，一定要爱自由，爱德谟克拉西，且于人民受有充分的教育时，鼓励人民的努力，以求德谟克拉西和自由的实现。俄国制度上给一切权柄于共产党，似乎是令党员惬心的，然共产党党员，又并不急急图谋人民更大的自由，和更宽阔的权力的分配，俄共产党所以受人批评者，我信为大概在此。

共产党人常主张经济的要素，是社会生活中唯一的重要的要素。这种主张，可以说是完全的妄念。我相信伦理的原动力，至少有与经济的一样重要。请为诸君说明我刚才提议的中国经济革命的起义人物，应具的伦理的资格。这类人，第一，要有操练的智识，最好大多数是军人的出身。他们对内当和无政府状态的军阀拼战，对外当和资本家的恶势力相抗。试观俄国革命初成立的时候，就知道这类人物的必要。在战争期中，人们置性命于不顾，容忍困苦和窘迫。假使战争胜利，战胜的人为自己攫得财产和一切巩固的权力；但是，赞成更好的德谟克拉西的制度时，他们当于最早时间，弃绝他们的财产，抛却他们的权力。欲能如此，最高等的伦理的品性，确是不可少的了。因为于剧烈战争之后，志愿割弃其护得的权力者，殊属罕遇。

介绍社会主义而用布尔什维克的方法，是件极困难的事，因为布尔什维克的伦理的需要，至为紧急。俄国布尔什维克者得胜之后，似于抵抗企谋财富的野心，告成其事；但是他们攫得的权力，极想延长，不愿解除。于彼等反对德谟克拉西和赞成他们所谓无产阶级专权的谈话中，就可得知他们恋爱权力的弊病。至于中国的国民性，以我观察所及，似得相反的弊病，爱财富的心，强于爱权力的心。我以为，爱财富是件极大危险的事；假如你们图谋非资本主义的实业的发展，你们必须与之格斗。

伦理的困难有如此之大，以致我简直不能信任它就能见诸实践。中国被治于一班爱钱财的督军之下。假如你们爱中国的幸福，比较他们爱钱财更为热心，更为猛烈，就可以歼灭他们。这个是一个高的标准，但想起我在“少年中国”所见的种种，又使我对于中国达到这个标准，不至于绝望。

假如你们不能实现道德的或经济的革命，外国人的控制，将逐渐而加厉，也许会使中国的主权徒拥形式上的虚名，而真实的权力却为外国人凭其经济上的能力，置诸掌握之中。这么一来，则引起实业的资本主义的发展，并且使人民习惯于实业工作的习惯——最初仅习惯低等的工作，但至后又习高等的工作。循此以往，大约一世纪后，就会引起民族的自由运动。但是，这种运动发生于一世纪后，与发生于现在的一样，要想成功，都是很难；那么，这一世纪的时光，算是空费。就打算国家独立的运动告成，那以前所沾染的资本主义的习性，却颇能阻止以后社会主义的建设。从各方面情形看来，所以，在最近的将来，当外国有侵犯的事发生的时候，促进政治的猛烈的运动，在所难免的。

实业和经济方面之生活，在西方过于重视其为生命的目的。其实，它们并不是目的，仅是达到舒美愉快的生活的一种手段。我们所欲实现的理想，是一个社会：这社会里面的实业，是人类的奴隶，不是人类的主人；这社会是人人惬意的，是人人闲适的；这社会经济的目的，不是有统治权的；这社会的时间，并非牺牲于货物的超过的生产之中的，乃是用在科学上、美术上和交际上的。中国实含有许多实现这种理想所必需的特质，特有艺术的意识和享受文明的涵容力；没有这种意识和涵容力，则闲适仅有很小的价值。这些特质，还要发生一种希望，就是中国将来可引导世界于进一步的发展路上去，输出内部的恬静于困苦不安的西方；否则，我们西方一定要灭亡于暴烈的癫狂之中。所以，不特中国，就是全世界，都要赖你们的功绩而改造。

（1921年7月6日于教育部会场）

中西文明的对比

正如我们前几章所言，在现今中国，我们的文明与中国的文明有着密切的接触。只是接触的结果，到底是产生胜于这两种文明的新文明，还是破坏固有的文明而代之以英国的文明，这一点还是问题。不同文明的接触，以往常常成为人类进步里程碑。希腊学习埃及，罗马学习希腊，阿拉伯学习罗马，中世纪的欧洲学习阿拉伯，文艺复兴时期的欧洲学习东罗马帝国。学生胜于老师的先例有不少。至于中国，如果我们视之为学生，可能又是一例。事实上，我们要向他们学习的东西与他们要向我们学习的东西一样多，但我们的学习机会却少得多。如果我把中国人当成我们的学生，而不是相反的话，只是因为我害怕我们是不可教育的。

本章将着重讨论中西交往带来的纯粹文化方面的问题。

两种文明各自独立发展了如此长久之后再接触的，除了16世纪的西班牙与美洲之外，中国与欧洲恐怕是个绝无仅有的例子了。考虑到中国人与欧洲人在完全隔绝之后仍能并不怎么困难地互相理解，实在令人称奇。为了弄清这一点，值得先追溯一下这两种文明的历史渊源。

西欧和美国的精神生活实际上是同质的，我们可以追溯到三个起源：（1）希腊文化；（2）犹太宗教与伦理；（3）现代科学的产物现代工业主义。我们可以把柏拉图、《旧约》和伽利略作为这三种元素的代表。遗传至今，仍各行其是，互不相关。从希腊文化中，我们继承了文学、艺术、哲学和纯数学，以及社交上优雅的礼仪；从犹太人那里，我们学到了狂热的信念（及其好朋友，名叫“信仰”）、更为狂热的道德热情（包括原罪观念），还有宗教的不宽容和我们民族主义中的一部分；从科学那里，如同应用在工业主义中一样，我们得到了权力和权力感，以及这样的信念：我们得以像神一样去操纵未科学化人种的生死，由于科学，我们得到了经验的方法，并已获取了几乎所有的真知。

除了希腊间接地对中国的绘画、雕塑和音乐有影响之外，这三种元素对中国文化的发展看不出有任何作用。中国，在其历史的黎明时分，同埃及和巴比伦一样，都是起源于大河文明的帝国。埃及和巴比伦影响了希腊和犹太的文化，因而间接地成为我们文化的源泉。正如这些文明产生于尼罗河、幼发拉底河和底格里斯河肥沃的冲积土壤一样，黄河造就了中华文明。即使是孔子时代，中国的版图也没有超出黄河流域南北的范围。尽管在物质和经济上，中国与埃及、巴比伦的情况相似，但在精神面貌上几乎没有任何相同之处。老子、孔子虽然同处于公元前6世纪，但已具备了今日中国人的个性特点。把一切都归结为经济原因的人，就难以说明古代中国人与古代埃及人和巴比伦人的精神面貌何以不同。我也提不出可取而代之的理论。我认为，科学目前尚不能完整解释民族性格。气候和经济可以说明一部分问题，但无法说明全部问题。可能文明形成时期产生的重要的个人，比如摩西、穆罕默德和孔子的性格，成为形成民族性格的极大依赖。

中国最早的圣人是老子，道家的创始人。“老子”并不是一个真正而确切的名字，只是意为“老哲学家”。(据传说)他与孔子同时代，但稍早一些。我对于他的哲学比对孔子的要有兴趣。他认为每个人、每个动物乃至世间万物都有其自身特定的、自然的方式方法。我们都应该服从这个方式。所谓“道”就是“道路”的意思，但老子在用这个字的时候，或多或少地增加了一些神秘色彩，如同“我就是道路、真理、生命”(译注：出自《新约·约翰福音》第14章第6节)这段文字。我想，他是这样想象的：死是由于离开了“道”，如果我们能够严格按照自然去生活，就可以长生不老，寿与天齐。后来，道教仅仅退化为一种巫术，几乎只关心探寻长生不老之药了。但是，我认为，希望逃脱死亡，一开始就是道家哲学的一个组成部分。

老子的著作，或者说被认为的老子的著作，篇幅很短，但他的思想被他的弟子庄子发展了，庄子比他的老师更让人感兴趣。他们所提倡的哲学是自由的哲学。他们贬低政府，贬低对自然的干涉。他们抱怨当时忙忙碌碌的现代生活，将之同“古之真人”平静的存在进行了比较。道的学说颇有些神秘主义的味道，他们称万物虽众，但却同道，如果都能遵循道，那就天下无争了。这两位圣人虽然远在两千多年前，但已具备了现时中国人那种幽默、克制和含蓄的特点。他们的幽默，可以用庄子对“善治马”的伯乐的阐述来说明，因为伯乐驯马每十匹要死五匹。与西方的神秘主义者相比，他们的克制和含蓄也是显而易见的。这也是中国的文学和艺术的特点，还是当今中国有教养人士谈话的特点。社会各阶层都喜欢逗乐，从不放弃任何开玩笑的机会。受过教育的人，其幽默是机敏而巧妙的，欧洲人往往不解其意，却给中国人增加了不少快乐，他们含蓄的习惯就更加明显了。我在北京的时候，有一天一个中年人告诉我他对政治学理论有点学术上的兴趣。那时我刚到中国，只理解字面意思，后来才发现，他曾经担任一省之长，多年来一直是个杰出的政治家。中国的诗往往缺乏激情，也是由于崇尚含蓄。他们认为智者应该表现出平和，虽然不乏激情的一刻（实际上中国人易于激动），但他们也不愿表现在艺术作品中。我们的浪漫主义运动使人喜欢的刺激，据我目前所知，在中国文学中找不到。他们古老的音乐（其中有些很好听）音量很低，刚刚能听到而已。在艺术上，他们崇尚精细；在生活中，他们追求公理。中国人并不赞赏粗鲁的莽汉和不加限制的感情表达。刚刚远离西方尘嚣的人，一时难免乱了方寸，不知就里；等到时间久了，就能逐渐感受到中国人的生活美满可贵，所以在中国住的时间最长的外国人就是最热爱中国的人。

道教徒虽然作为巫师而得以代代相传，但却为受过儒教教育的阶层所排挤。必须承认，我无法欣赏孔子的价值。他的作品，大都是各种繁文缛节及其如何在各种不同场合表现得体的内容。然而，与其他时代其他人种的教主相比，人们必须承认他具有极大的价值，尽管这些价值主要是消极的。他的体系，由他的追随者发展之后，成为一种纯属道德而非教条的体系；这个体系没有造就强大的僧侣队伍，也没有导致宗教迫害。它却理所当然地成功地造就了一个言行得体、彬彬有礼的民族。中国人的礼节也不仅仅是因袭传统；就算遇到从未碰到的情况，也会很自然地做到礼让。这种礼节也并非限于某一阶层，就是社会最底层的苦力也是如此。我们羞愧地看到，中国人用礼节在对待白人的蛮横无礼，他们并没有自我贬低到去用粗鲁回敬粗鲁。欧洲人经常视之为软弱，但这其实是真正的力量。依靠这种实力，中国最终征服了最初用武力征服中国的一切征服者。

中国的传统文明中，有一个，并且只有一个外国的因素，那就是佛教。佛教在公元初的几个世纪从印度传入中国，并取得了巩固的地位。我们从犹太人那里学到了不宽容的看法，认为一个人如果接受了一种宗教，就不能再接受别的宗教。基督教与伊斯兰教都有这样正统的教义，规定没有人可同时信仰这两个宗教。而中国则不存在这种不相容；一个人可以是佛教徒，同时又是孔教徒，两者并行而不悖。日本的情况也相似，大多数日本人既是佛教徒，又是神道教徒。然而，佛教与孔教在气质上总有些不同，所以同时信两教的人，肯定会有所偏向。佛教，就是我们从“宗教”这个词所理解的宗教，有神秘的教理、救赎的途径和来世的生活。佛教认为痛苦是与生俱来的，没有信仰的人必然失望，失望和痛苦只有信奉经典的真理才能得以解脱。

儒教却没有这些东西，它认为人生来就是与外界融洽的，所需要的只是指导如何生活，根本不需要鼓励人们生活下去。而且，这种伦理上的训诫，不是依靠形而上学的或者宗教的教条，它完全是世俗的。所以孔、佛两教并存的结果，使具有宗教和静悟性格的中国人皈依佛门，而天性喜欢做事的人就趋于孔教。孔教一直被尊为国教，成为考试的依据，晋升的阶梯。所以，中国的政治一直操纵在有文化的宗教怀疑者之手。他们没有西方执政者的那种活跃和破坏的素质。实际上，他们只是严守庄子的教诲而已。其结果是：老百姓除了内乱之苦外，一直是安居乐业的；属地享有自治权；中国虽然人口众多、资源丰富，但却不会对外国造成威胁。

把中国文明和欧洲文明进行比较，可以看出，中国文化中的大部分内容在希腊文化也可以找到，但我们文明中另外两个元素：犹太教和利学，中国文明中没有。中国实际上是个缺乏宗教的国家，不仅上层社会没有宗教，全体人民也同样没有。虽然有相当明确的伦理制度，但不过激、没有迫害性，而且没有“原罪”观念。直到晚近受欧洲影响，中国才有了科学，有了工业主义。

罗素与勃拉克在上海中国公学

那么，这个古老的文明与西方文明相接触之后的结果是什么呢？我现在不是考虑政治上、经济上的结果，而是考虑对中国人精神面貌方面的结果。把这两个问题分开是困难的，因为与西方进行文化上的接触会受到政治接触、经济接触的本质的影响。然而我希望能尽可能单单讨论文化问题本身。

中国很迫切地学习西方的学问，不仅因为这些学问可以增强国力以抵御西方的侵略，而且有很多人觉得学问本身就是一样好东西。中国人向来重视学问，只是以前所研究的学问都是古典文献。现在，他们普遍意识到西方的知识更有用。每年前往欧洲学习科学、经济、法律、政治理论的留学生不少，尤其去美国的就更多了。这些人回国之后，大多成为教师、公务员、记者和政治家。他们迅速地将中国人的面貌现代化，尤其是在受过教育的阶层中。

中国传统文明变得不再进步，不可能在艺术和文学上产生多大价值。我想，这不是由于人种的退步，而是由于缺乏新的素材。西方知识的输入正好提供了它需要的刺激。中国学生的能力很强，思想异常敏锐。虽然高等教育深受经费紧缺、缺乏图书馆之苦，但不缺一流的人才。虽然中国文明中一向缺少科学，但并没有仇视科学的成分，所以科学的传播不像欧洲有教会的阻碍。我相信，如果中国有一个稳定的政府和足够的资金，30年之内科学的进步必大有可观，甚至超过我们，因为中国朝气蓬勃，复兴热情高涨。事实上，“少年中国”这种对科学的热情，令人不断回忆起15世纪文艺复兴时期的意大利。

中国人向我们学习，不像日本人是为了富国强兵，而是为了追求伦理和社会价值，追求知识上的兴趣。他们对于我们的文明也抱有怀疑的态度。他们之中有好几个人对我说，他们在1914年之前还不怎么怀疑，但“大战”让他们觉得西方的生活方式中必定有缺陷。然而，向往西方智慧的习惯仍然很迫切，有些年轻人甚至以为苏俄的布尔什维主义正中下怀。他们肯定会大失所望，要不了多久就会发现必须用一种新的信念来拯救自己。日本人效仿了我们的短处，保留的也是自己的短处，但不可能指望中国人作出相反的选择，效仿我们的长处，并保留自己的长处。

可以说，我们的文明的显著长处在于科学的方法；中国文明的长处则在于对人生归宿的合理理解。人们一定希望看到两者逐渐结合在一起。

老子是这样描述“道”的运作的：“生而不有，为而不恃，长而不宰。”我想，人们可以从这些话里获得关于人生归宿的概念，正如爱好思索的中国人所获得的一样。必须承认，中国人的人生归宿与大多数白人自己设定的人生归宿截然不同。“占有”“自恃”和“支配”，白人国家和个人趋之若鹜。尼采把这一切归结为哲学，而他的信徒绝不限于德国。

但是，有人或许会说：你是在把西方的实践同中国的理论相比较；但如果以西方的理论同中国的实践相比较，结果就会相反。当然，这话也有一定道理。“占有”，虽然是老子希望我们抛弃的三者之一，却也是一般中国人心灵的欲望。作为一个民族，他们也爱财，或许不如法国人，但肯定超过了英国人和美国人。他们的政治是腐败的，有权势的人用不光彩的方法弄钱。这一切都是无可否认的。

如果就“自恃”“支配”这两个罪恶来说，我注意到中国人在实践上肯定超过我们。中国人不像白人那样，喜欢虐待其他人种。中国在国际上的贫弱，大多数人都以为政治腐败是唯一的原因。其实，“不恃”“不宰”的美德应该与政治腐败一样负相同的责任。如果在这个世界上有“骄傲到不屑打仗”的民族，那就是中国。中国人天生宽容而友爱、以礼待人，希望别人也投桃报李。只要中国人愿意，他们可以成为天下最强大的国家。但是，他们所追求的只是自由，而不是支配。中国如果受其他民族逼迫，去为自由而战，这也不是不可能。那样，中国会失去自己的美德，一尝成为帝国的滋味。但现在，中国人虽是两千年帝国的后裔，对帝国的热衷却已极其淡泊了。

中国历史上虽然征战连绵，但老百姓天性是喜好和平的。我不知道还有哪国的诗人会像白居易那样，塑造一个自残以逃避兵役的新兵，韦利先生把这首《新丰折臂翁》译了过来。他们的和平主义扎根于他们深思熟虑的观点，事实上扎根于他们不愿意改变任何所见到的一切。正如他们的绘画所展示的，他们乐于观察万事万物各得其所，不愿将它们按部就班。他们没有决定西方民族那样的进步理想，去让我们活跃的冲动合理化。当然，进步对于我们来说也是十分现代的理想，它要归功于科学和工业主义。今天，那些守旧的中国文人交谈时仍然用他们最早的圣贤的书面语。有人对他说，这样下去几乎不会有进步，他肯定会说："予等已臻完美之地位，何故再求进步耶？"欧洲人初听之下，肯定会认为他过于懈怠。但是，久而久之我们则不得不反省我们的所谓进步也不过是一场不息的变更，根本没有把我们朝着向往的目标带近一步。

试着比较一下中国向西方寻求的东西与西方向中国寻求的东西，倒挺有趣。中国人向西方寻求的是知识，他们认为这是通向智慧的大门（其实未必）；西方人到中国去无非三个目的：打仗、赚钱、传教。虽然第三种动机具有理想主义的美德，并激励了许多英雄，但这三种人——军人、商人、传教士都是强迫世界采纳我们的文化，或多或少抱有强硬的态度。中国人却没有强迫欧洲人接受儒教的念头。他们认为“宗教虽多，其理一以贯之”，所以就放任我们，而不加以干涉。中国人是不错的商人，但他们的经商之道不同于在中国的欧洲商人，不会动辄采用租界、垄断、铁路、矿产等特权的办法，并设法以本国的兵舰作后援。中国人照例不是好的战士，因为不是师出有名，他们有自知之明。不过，这只不过是一个证据，证明他们的理性。

我认为，中国人的宽容，欧洲人根据本国经历是无法想象的。我们自认为宽容，但只不过比我们的老祖宗显得宽容一些罢了。但是在政治上、社会上仍实行各种压迫，称不上宽容。更严重的是，我们深信自己的文明和生活方式远胜于其他民族。如果遇到像中国这样的民族，就认为对他们最慈善的举动莫过于让他们全盘接受我们的文明——这真是大错特错。我认为，一个普通的中国人可能比英国人贫穷，但却比英国人更快乐。这是为什么呢？因为他们国家的立国之本在于比我们更宽厚、更慈善的观念。无休止的好勇斗狠不仅产生了明显的恶果，还使我们不知足，不能享受美，使我们失去思考的美德。从这一点来说，在过去的一百年里，我们是迅速地退步了。毋庸讳言，中国的弊病正趋于另一个极端；但是，正由于这个道理，中西交流对双方都有好处。他们可以从我们这里学到必不可少的实用的效率；而我们则可以从他们那里学到一些深思熟虑的智慧，这种智慧使其他古国都已灭亡之时，唯独中国生存了下来。

我本想前往中国教学，但日子久了之后发现我可以教他们的一天比一天少，而他们可以教我的却越来越多。欧洲人在中国住久了都有这种观点。只有去了不久或那些一心去赚钱的人不这么看。这只是因为中国人认为我们所珍视的军队和工业，他们却很薄弱。但是，重视智慧或者美，或者重视人生的快乐的人，肯定会认为在这些方面中国比喧嚣的西方更富有，并视之为乐土。我希望我能够期待中国人给我们一些宽容的美德、深沉平和的心灵，以回报我们给他们的科学知识。

（秦悦译自《中国问题》）

中国人的性格

西方人都认为中国人令人费解，城府很深，不可理喻。如果我在中国有了更多经历之后，或许也会持此观点；但就我在中国工作的那段时间，却找不到任何依据来支持这一观点。我与中国人交谈，如同与英国人交谈，他们回答我，也同英国人回答一个他们认为受过教育并非全然无知的中国人差不多。我不相信“难以捉摸的东方人”这样的神话。我深信，如果中国人与英国人、美国人一起参加互相欺骗的比赛，英国人或美国人十次会有九次取胜。但是，由于许多相对贫困的中国人与富有的白人交往，游戏只有一方在玩。不过，毫无疑问，白人也往往被欺骗、被愚弄，但远远比不上驻伦敦的中国官员所受的欺骗和愚弄。

中国人最值得称道的事情是，他们总能得到外国人的好感。

欧洲人都喜欢中国，无论是到中国旅游，还是侨居多年。虽然英日订有联盟，但就我所知，在远东的英国人没有谁会像喜欢中国人一样喜欢日本人。久居中国的英国人会渐渐获得中国人的精神面貌和价值标准。初来乍到的人会震惊于明显的罪恶：乞丐、极度贫穷、疾病流行、政治混乱腐败。每一个踌躇满志的西方人一开始都有一种强烈的愿望，要去根除这些罪恶，当然也确实要根除。

但是中国人，即便是受害者——受可以避免的不幸之害，对于白人的热心也是消极漠然；他们坐等不幸自行消退，像汽水的泡沫一样自行消失。困惑的旅行者的心灵逐渐袭入一种奇怪的踌躇；愤慨了一段时间之后他就开始反省一向不假思索就采用的格言是否有错。兢兢业业防患于未然是不是明智？为了防备将来可能发生的灾害而失去许多现时的快乐是否称得上深谋远虑呢？虽然一直在建造大厦，却一直无暇去住，我们将如此度过一生吗？

对于这些问题，中国人的回答是否定的，因而置贫苦、疾病、混乱于不顾。但是，作为这些罪恶的补偿，与工业国家不同，他们仍然保存着欣赏文明的能力，逗乐的闲暇，以及沐浴阳光进行哲学讨论的快乐。中国人，所有阶级的中国人，比我所知道的其他任何人种更爱逗乐，他们从世间万事中都找到欢乐，一句笑话就能化干戈为玉帛。

我记得有一个热天，我们一行人出游，坐轿登山。山道崎岖难行，轿夫十分辛苦。到了旅行的最高峰，我们休息十分钟，让轿夫也可休息一会儿。他们于是就坐成一排，取出烟管，互相取笑，仿佛世间万事都已了无牵挂。如果在任何一个工于心计的国家，他们肯定会乘机抱怨酷暑难当，以求增加小费的。作为欧洲人，我们会用这段时间去担心汽车是否在合适的地方等着。富有的中国人会开始讨论类似天体的运行是圆是直之类的问题；他们也可能讨论一个真君子是完全否定自我，还是也会有私字一闪念。

人们会碰到一些白人，他们往往不把中国视为文明国家，并受此种错觉之苦。这些人可能全然忘却了文明的构成要素。的确，北京还没有电车，电灯也少得可怜。的确，美景俯拾皆是，但欧洲人急切地开挖煤矿却使它们可怕起来。的确，受过教育的中国人尽管记不住可从《惠塔克年鉴》查到的东西，却善于作诗。一个欧洲人在介绍住所时，会对你说铁路交通便利；他相信任何地方的最大优点就在于便于出入。但一个中国人不会提到关于火车的任何事情；你要是问他，他可能会答错。他只会说有一个古代皇帝的皇宫，唐朝一位著名诗人造的湖心亭，适合隐居避世。正是由于这样的人生观，使得西方人把中国人视为野蛮人。

中国人，从上层社会到底层百姓，都有一种冷静安详的尊严，即使接受了欧洲的教育也不会毁掉。无论个人还是国家，他们都不自我肯定；他们的骄傲过于深厚，无须自我肯定。虽然也承认兵力上敌不过外国列强，但并不因此而认为先进的杀人方式是个人或国家所应重视的。我觉得这是因为他们都在心底里自信中国是世界上最伟大的国家，拥有最完美的文明。西方人无法接受这种观点，因为这是基于各自完全不同的传统。但人们会逐步认识到这个观点无论如何不荒谬。事实上，它是一脉相承的价值观的逻辑结果。典型的西方人希望自己成为尽可能多地改变所处环境的原因；典型的中国人则希望尽可能多地享受自然环境之美。这个差别就是中国人和英语国家的人大相径庭的深层原因。

我们在西方崇拜“进步”，“进步”成了一种伦理伪装，用来伪装成为变心原因的欲望。比如，有人问我们：机器是否改善了世界，我们肯定会认为这是个愚蠢的问题：因为机器带来了巨大变化，因此也带来了巨大的“进步”。我们之所以喜欢进步，十有八九是由于喜欢权力，欣赏这样一种感觉：我们一声令下，事情就发生了变化。为了得到这种快乐，一位美国青年拼命工作，等到有了几百万时便成了一个胃病患者，只能靠吃吐司和白开水来维持生命，成了为客人准备的宴席中的旁观者。即便到了这种地步仍然自我安慰：我能掌握政权或制造战争或阻止战争，以便于投资。正是这样的天性促进了西方国家的“进步”。

当然，中国并不是没有雄心勃勃的人，但比我们要少得多。他们的雄心与我们形式不同——但不见得好，而是欣赏权力的偏好。这种偏好造成的自然结果是，贪婪成了中国人的缺点。金钱是享乐的途径；因而，金钱受到狂热的追求。对我们来说，金钱主要是权力的途径；政治家可以没有金钱但一定得有权力，并满足于贫穷。而在中国，督军们握有实权，几乎常常把权力用作发财的唯一途径。其目的是在适当的时候逃去日本，用足够的掠夺物使他们在接下去的日子里享受平静的生活。至于逃跑意味着失去权力，这个事实他们根本就无所谓。当然，很明显，这样的当权者，其危害仅限于他们管辖的省份，比起我们自己的政治家为了获得选举的胜利，不惜将整个欧洲大陆闹个天翻地覆，对这个世界的伤害显然小得多了。

中国政治的腐败和混乱，并不像我们想象的那么严重。如果不是世界列强（尤其是日本）对中国的掠夺企图，中国政府比起我们"有效率的"政治危害更小。现代各国政府的所作所为十有八九是有害的，所以政府干得越糟越好。中国政府虽然懒惰、腐败而愚蠢，反而有一定的个人自由，这种个人自由在世上其余地方却全然丧失了。

和别的地方一样，中国的法律也很糟。有时在外国势力的逼迫下，宣传共产主义的人会像在英国和美国一样遭到逮捕。但这是一种例外。事实上几乎有这样的规律：言论自由和出版自由较少受到干涉。个人不必感到须被迫听从长官，像1914年以后的欧洲和1917年以后的美国。人们依然独立思考，并敢于公开自己的想法。在西方，个人主义已被消灭，但在中国还有一定的市场，虽然有误用者，但也不是没有好处。自我尊重与个人尊严，可能体现在每一个中国苦力身上，而我们可能只有少数金融寡头才能在一定程度上维持。

外国人对中国人的"要面子"觉得很可笑。殊不知只有这样才能在社会上形成互相尊敬的风气。每个人，都有面子，即使最卑贱的乞丐。如果你不想违反中国人的伦理准则，那就连乞丐也不能侮辱。如果你和中国人交谈时违反了礼节，如果他不怪罪你，肯定会置之一笑，把你的话当作戏言。

我在中国教书时，有一回认为学生们还不够用功，就把应该对英国学生说的话对他们说了，但马上意识到我的话过头了，他们都强装笑颜，甚为不安，我感到很奇怪，后来才知道其中原委。中国人的生活，即便是最现代化的人，比起我们也要有礼得多。这当然影响效率，但同样（更重要的是）也影响了人际关系的真诚。如果我是中国人，就会希望在一定程度上减少这种礼让。但是，对备受西方野蛮之苦的人来说，中国的礼让就显得十分怡然。它与我们的坦率相比孰优孰劣，我尚难权衡。

中国人与英国人有个相似之处：喜欢妥协和尊重舆论。一种冲突很少会演变为极端野蛮的个案。他们对待清朝末代皇帝就是一个例子。当一个西方国家改制为共和之后，往往要割下这位被废黜的君王的脑袋，至少也是流放外国。但中国人则保留皇帝的称号、华丽的皇宫、服侍的太监，还有几百万的年饷。他不过是一个16岁男孩子，却能安居于紫禁城中。有一次内乱，他曾被恢复了几天名义上的权利；虽然不久就又被废黜，但却并不因为他被人利用而受到惩罚。

在中国，公众舆论一旦形成便是真正的力量。人们一致认为，1920年夏安福系失败，就是由于为舆论所不容。安福系亲日，从日本得到大批贷款。仇视日本是中国政坛最强大最普遍的情绪，它是由学生的激进的演说中煽动起来的。安福系的兵力开始是占优势的，但那些士兵一旦了解到打仗的原因后，立即开了小差。安福系的对手不费吹灰之力就占取了北京，改换了政府。

公众舆论的影响，也对教师罢教起到了决定性的作用。我离开北京时有了点转机。北京政府由于腐败，总是财政吃紧，拖欠了教师好几个月工资，教师最终以罢教向政府索讨，并组织了一个和平请愿团，有不少学生也跟在后面。他们与士兵和警察发生了冲突，教师和学生多人不同程度地受了重伤，舆论为之大哗。因为在中国，对教育的热爱是深广的。各报大呼革命。政府刚刚给了个来京索讨的督军900万元腐败支出。政府拖欠几十万的教员工资，找不到任何借口，不得不屈服。我认为，在盎格鲁-撒克逊国家，公众感情决不会由于教师的缘故而沸腾到这种程度。

中国人的性格中最让欧洲人惊讶的莫过于他们的忍耐了。受过教育的中国人都清楚地感到外国的威胁。他们完全知道日本在满洲和山东的种种行径，也意识到英国人在香港竭力破坏广东政府在南方引进好政府的计划，也明白世界列强无一例外地用贪婪的眼睛逼视着中国未开辟的资源，尤其是煤和铁。他们知道日本的例子，发展野蛮的军国主义，铁一般的纪律，以及新的反动宗教，成功地遏制了“文明的”工业主义者的强烈掠夺欲望。但是，中国人既不效仿日本人去抵制外来势力，又不听命于外国势力而无所作为。他们的思考不是以十年为单位，而是万年。他们曾经被征服过，最初是蒙古人，后来是满族人，但两次都同化了征服者。中国文明未经变化地保存了下来；几代人之后，征服者比中国人还中国人。

满洲地广人稀，大可殖民。日本人想要有殖民地作为其多余的人口的生存空间。但是在满洲的中国人比日本人多出百倍，不管满洲目前的政治情形怎样，满洲仍然是中国文明的一部分。一旦日本人面临困境，满洲很快就会回归中国。中国人的实力在于四万万人口，在于民族习惯的坚韧不拔，在于强大的消极抵制力，以及无可比拟的民族凝聚力——虽有内战但只是表面现象——足以蔑视武力手段，等待他们的压迫者那丧心病狂的精力在互相残杀中耗尽。

与其把中国视为政治实体还不如把它视为文明实体——唯一从古代存留至今的文明。从孔子的时代以来，古埃及、巴比伦、马其顿、罗马帝国都先后灭亡，只有中国通过不断进化依然生存，虽然也受到诸如昔日的佛教、现在的科学这种外来影响，但佛教并没有使中国人变成印度人，科学也没有使中国人变成欧洲人。我曾经遇到有些中国人，他们对于西方科学的了解不亚于我们的教授，但并不因此失去平衡，也没有失去与自己人民的联系。对于西方的坏东西——兽性、不安、欺压弱者和纯物质的贪欲——他们都心如明镜，不愿接受。而对于那些优点，尤其是科学，则照单全收。

中国旧的本土文化已近死亡；中国的艺术和文学已有所不同。孔子已无法满足现代人的精神需要。接受过欧美教育的中国人意识到，必须使中国传统文化注入新的元素，而我们的文明正好投其所需。然而，中国人却又不照搬我们的全部，这也正是最大的希望之所在，因为如果中国不采用军国主义，将来所产生的新文明或许比西方曾经产生的各种文明更好。

以上说的都是中国人性格中的优点。和别的民族一样，中国人也有自己的缺点。中国人待我不薄，我不愿意揭他们的短处。但出于对真理负责，也出于对中国人的考虑，隐讳不是好主意。只是我希望读者记住，中国是我所接触的国家中最好的之一，却遭到如此的虐待，我要对世界上每一个强国发出更严重的声讨。在我离开中国之际，有一位著名的作家请我指出中国人主要的弱点，我推辞不过，说了三点：贪婪、怯懦、冷漠。他听了之后，不但不生气，还认为评判恰当，进而探讨补救的方法。这是中国知识分子正直的一例，正直是中国的最大优点。

中国人的冷漠必定会让盎格鲁-撒克逊人大为惊异。他们没有人道主义的冲动，而正是这种冲动使我们用百分之一的精力能使另外百分之九十九的精力所造成的损害有所缓解。例如，我们禁止奥地利与德国联合，禁止它的人民移居外国或者从外国得到工业原料。结果造成维也纳人饥馑而死，只有取悦我们的人，才从慈善机构得到食品得以维持生存。中国人既无置维也纳人于死地的力量，也不会有慈善的赈灾之举。我在中国的时候，由于饥饿而死的人数以百万计。几块大洋就将自己的儿女卖与他人，如果卖不掉，杀掉也无所谓。赈济灾民大多由白人举行，中国人很少做这种事，即使那么少的部分也被腐败侵占。然而，必须说明，白人这样做也只是抚慰自己的良心而不是为了帮助中国人。如果中国保持现在的这种生育率和耕作方式，饥荒必定会周期性地发生，这次饥荒中靠慈善事业幸免不死的人，下次恐又难免。

要永久地解决饥荒问题，必须改良农业，迁移人口，节制生育。受过教育的中国人意识到了这一点，所以他们不关心救助当下的受害者。中国人的冷漠或许就是出于问题太大，无从着手这个原因。但有一件事却不能作这种解释：如果有一条狗被汽车撞成重伤，过路人十有八九对狗的哀号会觉得可笑。可怜的情形不仅不能激发一般中国人的慈悲，相反却感到快感。从事实的角度来看，从他们的历史，从1911年革命前的刑罚来看，中国人并不缺乏残忍的成分，只是我没有亲眼看到罢了。不能不提的是，所有列强都实行残酷的刑罚，只是用虚伪进行了掩盖。

怯懦似乎是我们对中国人第一个坏印象；但我不敢肯定他们是否真的缺乏勇气。虽然督军与督军之间的战争中，双方都溃不成军，但先知道对方溃败的就算胜利。这也表明中国的士兵并不妄动。战争没有任何重要意义，雇佣兵如果不是为了重要的理由，并不卖力。但如果是为重大问题比如太平天国起义而战，那么中国人是以善战而著称的，若再有优秀的指挥官则更加英勇善战。然而，如果把中国人与盎格鲁-撒克逊人、法国人、德国人相比又称不上勇敢，只不过他们的被动的忍耐力极强。如果要保守什么秘密，哪怕酷刑甚至死亡也无所畏惧，更加好斗的民族可能对此不屑。虽然中国人缺乏主动的勇敢，但从他们轻易地就会自杀这一点来看，似乎比我们更不怕死。

贪婪则是中国人最大的缺点。生计艰难，挣钱不易。除了少数留过学的，都会犯贪污罪。随便哪个苦力，如果能得到几便士，甘冒大险。与日本作战这么困难，就因为政界中很少有人能挡住贿赂的诱惑。这个缺点可能出于这样的事实：多年以来，诚实生活难以为继。如果是这样的话，那么，只要经济状况改善了，道德水准必定会提高。但是，我不相信中国现在腐败的情形比18世纪的欧洲更厉害。我也没有听说过中国哪一位将军比马尔伯勒更贪，或是哪个官吏比杜伯瓦更贪的。所以，中国工业状况的改善，首先要使百姓像我们这样廉洁——这不是说我们已经十分廉洁了。

上面所谈的中国人，是日常生活中的中国人，对知识抱有主动和怀疑的态度，但感情上未免有些迟缓。但相反的一面，中国人易于激动而致群情激愤。我虽然没有亲眼看见，但此为事实是毋庸置疑的。义和团就是一例，对欧洲人的影响尤大。他们历史上此种暴动不胜枚举。正是性格中的这一因素，使他们变得让我们无法揣度，难以预测他们的将来。可以想见，将来有部分中国人成为狂热的布尔什维主义者、仇日派、基督徒，或者一个终将称帝的领袖。我认为正是这一因素，使中国人尽管平日习惯于谨慎，但也是世界上最鲁莽的赌徒。有不少皇帝就是由于浪漫的爱情而失去皇位，尽管浪漫爱情比西方更遭鄙视。

总结中国人的性格，是不容易的。使欧洲人吃惊之处在于这样一个事实：他们还保存着非工业的古代文明。而这一切在日本、欧美大资本家的压迫下恐将最终消失。他们的艺术已声势渐微，后起者只不过是二流西洋画的仿制品。受过欧洲教育的中国人大多无法欣赏本国的绘画之美，只是轻视地说它们不遵守透视规律。

旅行家现在所能看到的中国的自然魅力将无法保存，将来工业发展必然会使之毁损。但有些东西会保存下去，中国至高无上的伦理品质中的一些东西，现代世界极为需要。这些品质中我认为和气是第一位的。以公理为基础而不是以武力去解决争端。西方人究竟是能让中国人保留这种美德，还是使中国出于自卫而采用日本式的军国主义，还须拭目以待。

（秦悦译自《中国问题》）

中国的前途

在这一章里，我把自己设想成为一个进步的、具有公共精神的中国人，处在这样一个地位，我将提倡什么样的改革并用什么样的程序来实行它呢？

我们首先应该明白的是：中国必须自救，而不能依靠外人。从国际形势来看，中国是既有其幸又有其不幸："大战"是中国的不幸，因为日本可以乘机在东亚为所欲为；沙皇俄国的垮台是中国之幸，因为日俄的秘密联盟为之告终；英日联盟是中国的不幸，因为英国人为了履行条约上的义务不得不违背自己的利益而去支持日本的侵略政策；日美不和是中国之幸——但根据华盛顿会议达成的协议，山东问题虽暂时取得了胜利——但这从长远看来又是中国的不幸，因为这会使得美国今后不愿再像从前那样反对日本。我已经阐明，如果中国不自强，那么无论日本是崩溃还是在远东称霸，对中国都极为不利，而这两种情况都极有可能出现。况且，世界列强的利益与中国的幸福和中国文化的昌盛是无法相容的。因此，中国人一定要自强自立，千万不能依靠外国人发善心。

中国的问题不仅是政治独立的问题，文化独立在某种程度上也同样重要。我在本书中曾不止一次地提到中国人在某些方面比我们高出一头，但是，中国人为了保持国家独立而降到与我们相同的程度，这无论为他们自己考虑还是为我们考虑都不是好办法。然而，在这件事上，采取一个折中方案是迫不得已的。如果他们不在一定的程度上采用我们的“恶”，那么，不仅会为我们所轻视，而且会更增加外国的蹂躏。他们要实现的目标只是采用的程度——必须以能维持国家安全为限。

中国首先应当注重的是爱国主义思想。这种思想当然不是像义和团那样盲目地排外，而是秉着开明的态度，向他国学习但又不受其支配。日本的侵略残酷地教会了知识分子和商人这种思想倾向。爱国主义的危害性，在于当它达到了足以抵御外侮的程度之后，会转而导致侵略外国。中国物产丰富，人口众多，完全能一跃而成为仅次于美国的世界强国。值得担心的是，中国在变得富强以保持自身独立的过程中，或许会因其强大而走上帝国主义的道路。应当大力弘扬爱国主义以保家卫国，而不是入侵异族。有了这个附加条件，我认为爱国主义精神是中国复兴所必不可少的。寻求政治独立本身并不是最终目的，而是实现中国的传统美德和西方的技艺结合的一条途径。如果达不到这个目的，那么，政治上的独立也没有什么太大的价值。

我应该说，中国要想政治独立，必须做到以下三点：（1）建立一个有秩序的政府；（2）在中国人支配下发展工业；（3）普及教育。这三点都必须同时着手，但上述排列次序则表明实现这些目标的缓急。我们都已经清楚，工业建设同国家有相当大的关系，但如果无政府状态没有起色，那么工业建设也无从谈起；不仅如此，如果没有一个良好的政府，教育经费也就没有着落。因此，建立有序的政府是实行其他改良的先决条件。至于工业和教育紧密相连，很难说哪一个更重要，但我认为工业更显重要，因为如果中国人不抓紧发展自己的工业，那么外国人就会站稳脚跟，到那时候再要把他们赶走就很困难了。所以，我决定按上述次序来讨论这三个问题。

一、建立一个有序的政府。当我写这本书的时候，中国的混乱状况没有什么改变。张作霖和吴佩孚之间的战争爆发在即。前者一向被认为代表中国最反动的势力，尽管《泰晤士报》把吴佩孚称为"开明的领导者"，但事实很有可能证明他不能使人满意。如果他赢了，他固然有可能履行诺言召集国会，但他同样有可能不这样做。无论在何种情况下，军阀的惠爱就像外国的慈善一样不能依靠。中国的进步人士要获得胜利就必须自己组建一个强有力的团体。

我发现中国的宪政主义者目前正在磋商一个联合计划，包括召集国会和结束军阀争霸的局面。一个统一的局面是必不可少的，即使需要为之牺牲一些信念。假如所有的宪政主义者都能团结在某项计划之上，那么他们就能左右公众舆论，而公众舆论在中国是很有影响的。或许他们迟早能拥戴一位强有力的将军作为合法的元首，并限制其纯粹以武力治国。或许他们能够由此使形势有利于他们推选出来的人士，1920年7月的情况也是如此。学生们的动乱使得形势有利于吴佩孚反对安福系。但是要做到这一点，必须在人民和军队中作广泛的宣传，一旦实现和平，就要保证被遣散的士兵的工作和未遣散的士兵的军饷。由这个政治问题又牵扯出一个极其困难的财政问题，因为不把中国仅存的一点独立拱手于外国，是不可能筹得外国的借款的。（美国新银团声称：中国向他们借钱，他们是不会来管理中国内政的。我不相信，关于这一点的理由，详见第十章。他们或许无意管理中国，但实际上势所难免）为了解决这个困难，只有想办法激发商人们的爱国心，在国内募集款项。中国国内的钱其实很多，只是有钱人不愿意把钱借给一个土匪当政的政府。

将来如果起草永久性宪法，中国自然会采用联邦制度，我对此深信不疑。各省将赋予很大的自治权力，海关、军队、外交、铁路则归中央掌握。省界的观念在中国是很强的，我想现在很多人都意识到1912年时没充分考虑到这种观念实在是个错误。

在宪法拟定甚至通过之后，尚不能靠宪政主义固有的威望，还需要对舆论加以引导。另外，由真正进步的人士组成一个纪律严明的委员会，他们集体作出决定，然后让所有成员执行。该委员会要力求杜绝腐败和在政治上营私舞弊的陋习，只有这样才能为舆论所信任，任何一个委员对此稍有违背就要被开除出会。要成为国家利益的保护者，就必须反对所有牟私利者、投机分子和媚外者。只有这样才能有权威去表扬或弹劾政客，起到监督执政者的作用，才能对公共舆论甚至军中人士施加影响，“少年中国”的活力、爱国心、廉洁完全能组成这样一个委员会。但是，如果爱国之心不组织进这样一个委员会里，那么，以其势单力薄将无法解决今日中国复杂的政治问题。

外国对中国主权的种种侵犯，迟早必须消除。中国要收回租借地，自己掌握关税等其他权利，免受治外法权之苦。但是，中国人能像当年的日本那样成功地做到这一切而又不得罪外国人（日本或许是个例外）。如果在恢复之初就得罪外国人，那形势就更加复杂了，所以不是好办法。俄国的处境要强于中国，尽管俄国因为实行布尔什维克主义而触怒了世界，吃了大亏。倘若中国建立起有序的政府，开发自身的资源，那么，用外交手段就能收回大部分的权利，其余的部分要等以后有适当的机会再说。

二、发展工业。关于这一点我在十四章已经详细阐述过了。这里再从总体上加以讨论。我已经说过，铁路应归国有；政府应该以公平的价格购买经营状况良好的矿山。为兴办工业而签约借债，必须注意工业的管理权应为中国人所有。中国如能建成巩固而有序的政府，外国资本家即便没有管理权，只要有适当的抵押，也会愿意借款给中国的。对于新银团所想要拥有的独占权，应该采取各种外交手段加以阻止。

假如有一个良好的政府，中国的工业应尽可能多搞些国有工业。在经济落后而文化不落后的国家，国家社会主义或是列宁所称的国家资本主义有许多好处：（一）国家借款比私人容易；（二）国家比私人更易于聘请外国技师；（三）国家可使重要产业不为外国人管理和控制。此外，还有一个更重要的理由：国家从一开始就经营工业，可以免除私人资本主义的弊端。西方实行私人资本主义以致资本家权势过大，各国人民备受其压制和误导。如果中国能建立势力巩固、信用卓著的政府，那么，工业的发展可免重蹈西方的覆辙。

但是，如果这一切要得以成功，中国的道德观念要大大地变更。要用公共思想取代旧时的家族伦理观念。经营私人事业时的诚实美德要转到国家事业上来。目前所欠缺的活跃和进取的精神也应当增加。我相信“少年中国”在爱国思想的激励下将无愧于此项重任。我们必须知道，上述的新道德是必不可少的。没有了这些新观念，任何国家社会主义制度都必将失败。

为了发展工业，中国人应当大力培植技术专家和熟练工人。我认为中国在这方面前者尚可，而后者较欠缺。为此可以引进一些外国的熟练工人（例如德国工人）。让他们指导中国想发展的新兴工业而需的工人。

三、教育。中国要真正实行民主，就必须普及教育。如果大多数国民不能看书阅报，就无法真正地实行民主。虽说教育有其自身的价值，但也是培养政治意识所必需的，而中国农村现在几乎没有什么政治意识。中国人对此也不是不了解，但由于经济拮据，无法普及初等教育。这样的结果是虽然名义上是共和国，而实际仍为寡头政治，因为没有文化的大众无法拥有任何行之有效的政治见解。然而，即便有了良好的政府，如果工业不发展，政府是否有能力负担这样庞大的教育经费仍是一个问题。今日中国发达的工业几乎都为外国人所操纵，所获利润成为日本人战舰和英美百万富翁的高楼和美食。如果想要将这些利润用于中国的教育，中国人就一定要自己管理的工业。这也是发展工业比发展教育更重要的原因之一。

但就目前的情况来看，教师的数量太少，无法在每个乡村都建立学校。但还是有很多人热心于教育，希望以有限的资金和尽快的速度造就尽可能多的教师。而中国的教育家也表现出强烈的公共思想和奉献精神,欠薪数月仍然坚持教学就是一个明证。

我认为,中国应该自己管理教育,这就同由中国人管理自己的工业一样重要。就目前而言,有几门课程仍须由外国人来教,将来就不需要了。只要外国教师不太多则不足为害,就像路矿上也需聘用一定数量的外国工程师一样。只有外国人插手管理才足以造成危害。在教会学校和其他外国学校接受教育的学生,多半会丧失其本国的特性而倾向于西方文化。这使得他们不适于参与国事,并使其道德水准下降。此外,他们对于纯粹的中国事物比那些在新学校里受教育的少男少女要保守。总的来说,欧洲人对于中国比现代的中国人更为保守,所以无形中把这种倾向也传达给了他们的学生。外国学校的影响减弱了学生的民族自尊心。

对于那些想在专业上有更高建树的学生,他们需要到欧洲和美国的大学深造几年。但对于绝大多数的大学生来说,留在国内接受教育是上策。因为那些留学归来的学生多少带有留学国家的腔调,尤其是美国。本章开头所提到的委员会应吸收所有真正进步的人士,但这个委员会会遇到许多困难,因为从各国例如从日本、美国和德国归来的留学生之间时有意见不合，等到本国的大学教育增加之后，这种困难就自行克服了，当然在今天这仍是一个较严重的问题。

要解决这个困难，留学生团体首先必须出现有影响力的领袖，其次必须对某一文化有明确的设想和追求。领袖既需智力超群又需具有实干精神。从见识上来说，中国的文人历来有较大的影响力，有为的改革家若能激扬文字就可以得到多数“少年中国”的拥戴。中国现在确有如此才能的人，举一个我认识的人作为例子：胡適博士。他学问精深，长于文学艺术，性格活跃，积极致力于改革。他所写的白话文激励了不少进步的中国人。他主张吸取西学之所长又不沦为西方文化的奴隶。

至于我所设想的留学生社团所需要的实干的政治领袖所应当具有的才能，又与知识上的领袖所不同，或许这两种才能不可能为一个人所兼而有之，因而需要像列宁和马克思这两种才能大不相同的人士。

他们所追求的目标不仅与中国有密切关系，还应该同世界有重大关系。如果中国能免受外国的戕害，那么，从现在起，这一复兴的精神可以发展出一种较世界上任何文化都更加优秀的文化。这就是“少年中国”所应该订立的目标：保存中国人的文雅、谦让、正直、和气等特性，把西方科学的知识应用到中国的实际问题中。所谓实际问题有两个：一个由国内情形所引起，另一个由国际情形所引起。前者包括教育、民主，减少贫穷和饥饿，个人与公共的卫生等；后者包括建立起强有力的政府、发展工业、修正条约、收回港口（在这方面可把日本作为例子）、建设强大的足以抵御日本的军队，等等。要解决这两个问题，必须要采用西方科学，但没有采纳西方的人生观的必要。

如果中国人采纳西方人的人生观，那么，当他们有能力抵御外侮之时就会走上帝国主义的道路。那时，汉唐时代远征中亚细亚的历史又将重演，或许仿效忽必烈而去攻击日本。他们将利用天然资源，在国内造就几个脑满肠肥的富豪，而在国外却让上百万的人饥饿而死。这就是西方人利用科学造成的结果。如果中国误入迷途，以蛮横的霸权为无上的光荣，那么即使表面上看能击退仇敌，但实质已经为仇敌所屈服了。世界列强如果仍然好勇斗狠，那么，随着时间的推移和科学的进步，破坏的程度也越来越大，终将自取灭亡。如果中国加入这种失去理智的行列，那就会与它们同归于尽；如果中国的改革者在国力足以自卫时，放弃征服异族，用全副精力投入于科学和艺术，开创一种比现在更好的经济制度，那么，中国对世界可谓是尽了最恰当的义务，并且在我们这样一个令人失望的时代里，给人类一个全新的希望。我愿以此来唤起“少年中国”，因为这一希望并非遥不可及，正因为这一希望是能够实现的，所以中国人应该受到所有热爱人类的人们的极高崇敬。

（秦悦译自《中国问题》）

中国人

眼中的罗素

罗素与中国

——读罗素著《中国问题》

徐志摩

罗素去年回到伦敦以后，他的口液几乎为颂美中国消尽，他的门限也几乎为中国学生踏穿。他对我们真挚的情感、深刻的了解、彻底的同情，都可以很容易从他一提到中国奋烈的目睛和欣快的表情中看出。他有一次在乡下几乎和卫伯（Sidney Webb）夫妇吵起嘴来，因为他们一对十余年来只是盲目地崇拜日本，蔑视中国。他对人说他很愿意舍弃欧洲物质上舒服的高等生活，到中国来做一个穿青布衫种田的农人。他说中国虽遭天灾人患，其实人民生活之快乐直非欧洲人所能想象。他说中国的青年是全世界意志最勇猛，解放最彻底，前途最无限的青年；他确信中国文艺复兴不久就有大成功。然而，他也知道我们的危险。他在英国每次发言，总告诫人说最美最高尚最优闲的中国文化，现在正在危险中，有于不知不觉中，变化为最俗最陋最匆促的青年会文化之倾向：他说现在耶稣教在中国的魔力，就蕴在青年会的冷水浴和哑铃操里面。太平洋那边吹过来的风，虽则似乎温和，却是充满了硝酸的化力。我离伦敦前接到他从瑞士来的电报，要我到巴黎去会他，后来彼此还是莫有会成，但他寄来送我一本他的新书《中国问题》，叫我到国内来传布他的意见，我答应回来温习过自己的社会人民以后，替他作一篇书评。如今我回国已有一月，文章还不曾作出，现在我姑且先用中文来传达他书里的一番厚意，好让爱敬罗素的诸君，知道我们得了一个真正知心多情的朋友在海外哩。

罗素这本书，在中西文化交融的经程中，确实地新立了一块界石。他是真了解真爱惜中国文化的一个人，说的话都是同情化的正确见解，不比得传教师的隔着靴子搔痒，或是巡捕房头目的蹲在木堆里钓鱼。他唯其了解，所以明白我国过去文化的价值和将来发展的方向；唯其爱惜，所以不厌回复地警告欧人不要横加干涉，责备日本不应故意蹂躏，隐讽美国不要用喜笑的脸温存的手，来丑变低化我们的遗产。他开头就说在中国的三大问题——政治、经济、文化——中关于全人类和中国自身最重要的是文化问题；只要这个问题解决的满意，不论政治经济化成如何样式，他都不在乎了。他说中国好比一个美术家的国，有美术家的好处也有他的坏处，但这好处是有益于人的，坏处只报应在他自身。他就问一个重要的问题，他问如此说来，全世界是否应得设法保全他的好处呢，还是逼迫他去学欧洲的坏样子，专做损人不利己的事业呢？他再问，果然有一日中国有力量即以其人之道还诸其人之身，来对付东西洋人，那时全世界又成何面目呢？

罗素知道老大帝国黄脸病夫的实力和潜伏的能力，所以他最怕他被逼迫而走最没出息的武力主义那条路。此点他书里屡屡提及，他最近在米兰的一个平和会里又说同样的话。我们固然很感觉东西两面急急锋的压迫，固然有铤而走险的倾向，但我们可以告慰知爱我们的罗先生，中国国民不到走投无路的时刻，决不会去效法野蛮人的行为，同类自残的下策。

所以罗素注意的，是文化，是民族创造精神的表现，不是物质的组织，盲目的发展。他说："我不管旁的，我只管知识，美术，本能的快乐，友谊的感情。"他接着解释知识也不是呆板的事实、堆积的工夫，艺术也不仅是美术家手里做出来的物件。他所谓美术直包及俄国的村农、中国的苦力，他们似乎有一种不自觉的努力去寻赏真美。那种产生民歌的冲动，曾在清教徒时期前盛行，如今只可向村舍前农园后访去了。本能的快乐，就是单纯生活的幸福，欧美人原来干净的人道全教工业的烟煤熏黑，原来活的泉源全教笨重的钞票塞住。他告我说他见湖南的种田人，杭州的车轿夫，他们那样欢欢喜喜做工过日，张开口就笑，一笑就满头满面满心的笑，他几乎滴下泪来，因为那样轻爽自然的生活，轻爽自然的笑容，在欧美差不多已经灭迹了，欧美人所最崇拜的，只是进步与速率，中国人根本就莫有知道这回事。他们靠了进步与速率，得到了力与钱，也造成了现在惴惴不可终日的西方文明；中国人终是慢吞吞地不进不退，却又享受了几千年平安有趣的生活。

他说让中国人管他们自己的事，不要干涉，他们自会得在百十年间吸收外来他们所需要的原素，或成一个兼具东西文明美质的一个好东西。他只怕两个方向：他怕中国变成个物质文明的私生子，丧尽原有的体面；他又怕中国变成守旧的武力国。

他说欧战使欧洲觉悟自己文明的漏洞，游俄游中的经验使得他相信这两个国家可以指示欧洲人那里是漏洞，怎样的补法。他说中国人的生活习惯若然大家都采用，全世界就快活享福。欧美人的生活刚正是反面，他们只要奋斗，变动，不足，破坏。物质文明的尾巴已经大得掉不过来，除了到安定的东方来请教，恐竟没有法子防止灭亡。下面容我节译一段他在一九二〇年的夏天，跟着英国工党的代表团，到俄国去观察，正当布尔什维克想用全力来根本改造俄民的习惯，想把原来有亚洲气息的俄民，改赶入纯粹机械性质的生活。他那时正在伏尔加（Volga）河中——

吾舟驶于鄂河，日复一日，经一荒凉诡异之乡。舟中人皆嚣杂，欣忭，好争持，善为捷易之说理，喜以巧言释百业，咸谓天下宜无事不可解，诚能如其言为政，则人事之利害可铢铢而算，人类之进向可节节而定也。有一人病且死，斗弱斗恐，斗健康者之漠视甚力，而同舟人之辩之争，之琐笑，之扬声求爱，喧逐，几如雷动，夜以继日，曾不念病苦者之难堪。舟以外，鄂河之波，鄂河之岸，皆静如死，诡如天。顾此静秘，舟中人莫或有暇以听察焉；余独内感不宁，断不能寄心耳于诡辩者之辩，与通事实者无尽藏之事实。一日。既迟暮，吾舟泊于一荒落之所，杳不见房屋，但有沙堤长亘，其背则白杨成列，明月升焉。余默然登岸，行沙中不远，而见一人类之奇集，似古游民，盖来自灾荒之极域，家族麇聚，绕以家用杂具，有立者，有卧者，有悄然积小枝作火者。火成焰发，照人面历历，皆髯节蓬生，男子野鲁北耐，妇人粗陋，童子亦严肃迟重，如其亲。其为人也无疑，顾求习于猫于犬于马，宜若易于是族之男妇童子。我知彼等必且竣息于此荒凉之域，日焉月焉，以冀船来载去传闻天人不尽吝酷之乡；然其问之确否，又谁得而知之。将有死于途运者，若饥与渴，日中之炎热，则殆莫或能免，然即其茹苦，犹噤不呻。余观览之余，不禁兴感，念是殆庞俄魂灵之征识，默不能自吐，力挫于失望，彷徨转侧，西欧犹且翘然自分党别，或进而争，或退而处，熟视此无告者若无睹焉。俄之体大，间有能者，亦如蚪碛之于广漠，不可得而识。彼硁硁于主义者，若且强柳杞以为杯棬，将屈人类原始之本能，为学理之试验；然余窃不敢信幸福之可以工业主义与强迫劳役钳刺而致也。

然及晨曦之复转，而舟中之哓哓于唯物史观及共和政体之得失者犹然如故，余亦日耳其间，不复自省。与余辩者未尝见岸上游弋之灾民，即见之亦且类之于砂石草木，以其穷野不可训，非社会主义福音之所宜及也。然彼民宁忍之静默，既深入于余心，辨虽亟，论虽便习，而寂寞难言之思，犹耿耿于中焉久之。卒之余奋然自谓政治者魔实趣使之，强者黠者承其意以刑楚羸弱之民族，为利，为权力，为主义，其害则均。吾舟犹前进不息，日侵饥民之余粮，仰庇于军士，则饥者之子也；受之惠如此，我不知且何以报之。

鄂水风来，鄂水波动而居民愁惨之歌，白拉拉加之音，萧然缭绕吾身，此景不可忘已。声之来，与俄土荒伟之静默俱，止于余心而为不可解之问，不可苏之隐痛，东人乐生之色，于焉黯矣。

此方余来向中国以求新望，心境盖如此。

上面这一段话，文情兼至，实在太好了，令我不忍不翻，而翻之结果，竟成了几于古文调子。罗素是现代最莹澈的一块理智结晶，而离了他的名学数理，又是一团火热的情感，再加之抗世无畏道德的勇敢，实在是一个可作榜样的伟大人格，古今所罕有的。你看那段文中——其实是首好诗——他从鄂尔迦河荒野的静穆里从月夜难民宿处的沉默里感觉到西方物质生活之浅狭，感觉到科学知识所窥测之浅狭，他原来灵敏的感觉，更从这伟大消息的分光镜里，翻成无数的彩色；连风里传来俄民的乐音，也在他心里产生了一种可怖责问的隐痛——这是何等境界哟！他见了中国不失天真的生活，仿佛在海洋里遭风的船，盼到了个停泊的所在，他那时滴下来的泪，迸出来的热泪，才是替欧洲文明清还宿欠呢！

在这里就有人说：他原来是对欧洲文明的反动，他的崇拜中国，多半是感情作用，处处言过其实，并且他在中国日子很少，如何会得了解。不错，是反动；但他所厌恶的，却并非欧化的全体——那便成了意气作用——而是工业文明资本制度所产生的恶现象；他的崇拜中国，也并非因为中国刚巧是欧化的反面，而的确是由贯刺的理智，和真挚的情感，交互而产生的一种真纯信仰，对于种种文明文化背后的生命自身更真确的觉悟与认识。我现在敢说这话，因为我自己也是过来人；我当初何尝不疑心他是感情的反动，借东方来发泄他自己的牢骚，但我此次回来看了印度人和中国人的生活，从对照里看出欧美生活之伪之浮之险，不由得我不信罗素感情之真切。我们千万不要单凭着生长在中国的事实，就自以为对于中国当然有正确的见解。大多数人连他自己都不认识，何况生活本体呢！至于那班青年会脑筋的论调，尤其在门外的门外了。

但罗素虽则从游俄国游中国感觉到人类的运命、生活的消息、人道的范围，他却并莫有十分明了中国文化及生活何以会形成现在这个样子。他第一就不了解孔子的影响，他书里老实说他对于繁文缛节的孔子莫有多大感情；第二他以为中国的好处，老庄很负责任，他就很想利用老庄来补添他原有无治主义倾向的思想（他书开篇就引庄子浑沌凿七窍而死的话）。虽他不知道中国人生活之所以能乐天自然，气概之所以宏大，不趋极端好平和的精神，完全还是孔子一家的思想，而老庄之影响于思想习惯，其实是不可为训。

在《中国人的品格》那一章里，他又说起中国人的三大毛病：一贪、二忍、三懦。这三点刚巧是智、仁、勇的反面，却是孔家理想生活不实现的一个证据。现在我国正当文艺复兴，我们要知道罗素先生正在伸长了头颈，盼望我们新青年的潮流中，涌出无量数理想的人格，来创造新中华的文明的哩。他说我们只要有真领袖，看清楚新文化方向，想象到所要的新文化的模样，一致而创造方面努力，种种芝麻零碎什么政治经济的困难就都绝对不成问题。我们要知道盲目地改良政治危险；盲目地发展工商，危险；盲目地发展教育，也是危险：我们千万不要拿造成文化的大事业，托付在有善意而无理想力的先生们手里！

十一月十七日南京成贤学舍

（原载《晨报副刊》，1922年12月3日）

为罗素做翻译

赵元任

8月19日我在南京的时候，我从胡敦复、胡明复及胡適处听说，梁启超、张东荪等人领导的进步党要我为罗素（Bertrand Russell）做翻译，罗素即将来中国作学术讲演。三位胡先生警告我不要被该党利用提高其声望，以达成其政治目标，并告诉我不可让他们把我仅仅当作译员看待。我同意小心将事，同时也欢迎有此机会会晤这位学者并为他任译员，他的著作对我在哈佛的工作具有极大影响。因而我在清华任教的事便发生了变化，我在北京城的时间倒比在清华园的时间多（译者注：清华大学在北平西直门外，距市中心约一小时车程）。惟在罗素来到之前，我还有时间北上在清华教书。我在清华西偏院的西南角，称为学务处的建筑，找到一间房间。后来有人告诉我，那间房间是个幸运房间，任何单身汉住在那里，不久便会结婚——我也不例外。最初我本定教代数和英文，以后教务长赵国材要我改教中国史和哲学，最后决定教心理学和物理。可是我还没有教多少天，就得南下去接罗素。为了请罗素来中国讲学，特别组织了一个"讲学社"，由蒋百里和清华校长金邦正交涉"借"我为罗素做翻译。蒋氏咨询的著名学者有蔡元培、丁文江、陶履恭、秦景阳等人。我请我的朋友王赓在我离开清华期间，用我的讲义大纲，代我授课。

…………

我该南下迎接罗素了。我先到汉口，由赵大夫介绍她两位党兄弟赵缘生和赵雨生招待我，他们陪我参观汉阳铁厂、黄鹤楼等处，黄鹤楼很让我失望，被火焚毁之后，重修成方顶西式建筑。经过九江时，我短暂停留，纪录当地的方言。经过南京时，我不须纪录南京的方言，我在1907—1910年，曾在那里住过三年。10月13日我看到“波诒”（Porthos）号轮船停泊在上海，料想罗素一定大驾已到。我在日记上记载罗素极像我从照片及描述中所想的模样，唯看起来比我想象的更强壮、更高、仪态更优雅。由于我们在哈佛有共同朋友，所以我易于结识他。当天在上海，次日在吴淞有盛大的宴会和欢迎会。在欢迎会上，随同罗素来的勃拉克女士（Dora Black）也讲了话。欢迎词以及罗素和勃拉克的答词都由我翻译，通常是讲完一段翻译一次。我发觉客气话极难翻，不过以后翻译学术演讲就比较容易，尤以事前我能看到讲演大纲的时候为然。

在上海短暂停留后，我和罗素一行经杭州、南京、长沙，然后北上去北京，沿途趣事颇多。在女子高等师范讲演的时候，人们兴趣浓厚，有一千五百人挤不进讲堂，那个年头并没有有效的音响设备将讲词播放于场外。我利用这种机会演习我的方言。在杭州，有名的西湖便在城外，我以杭州方言翻译罗素和勃拉克的讲词，杭州方言实际上是一种吴语，因曾为南宋（1127—1279）首都，故带官话语汇。在我们去湖南长沙途中，在江永（S. S. Kiang Yung）船上有杨端六，他是湖南赞助人之一，我从他那里学了一点湖南方言。10月26日晚，我翻译了罗素的讲演，讲完后，一个学生走上前来问我："你是哪县人？"我学湖南话还不到一个星期，他以为我是湖南人，说不好官话，实际上我能说官话，而说不好湖南话。次日有几次集会和餐会，我得有机会晤见蔡元培（以后任北京大学校长和中央研究院院长）和比我年长的同乡吴稚晖。在湘督谭延闿请宴席上，我为谭翻译，杨端六则为罗素翻译。那晚月全蚀，罗素在讲词中特别提到两位古代天文家因未敲打盆锅和放爆竹，吓走试图吞下月亮的天狗，而被处决。可是杨端六只翻译他说的客气话，而未翻月蚀的事！

回到北京，活动频繁，讲学社的蒋百里在东北城（编者注：以内城及当地习称而言，应为东城）遂安伯胡同二号找到一所住宅，由我和罗素同住。他和勃拉克小姐住在北上房，我睡在东厢房，书房则在西厢房。在那个年头，结婚前，青年男女见面都有悖传统（《自由结婚》小说是1900年代印行的），而罗素先生和勃拉克小姐同宅而居竟未引起议论。校长金邦正同意将我"借与""讲学社"一年，于是我便从清华搬进城内。11月5日进步党领导人梁启超先生来访，那是我第一次会晤这位著名学者和大人物，在1900年，每个月我们都引颈盼望阅读他所主编的《新民丛报》。

罗素在北京大学讲演，通常是在三院，在师范大学则在顺治门（编者注：又称宣武门）外。第一次演讲，约有1 500人前来听讲。我在11月10日第二次讲演后的日记上写道："我照着己意大加引申说明……以译员的身份讲，比主讲人讲，更有乐趣，因为译员讲后才引起听众反应。"在师范大学讲哲学问题，讲到老问题：什么是物质（Matter）？不足挂齿（Never mind）！什么是心意（Mind）？无关重要（It doesn't matter）！我翻译起来颇觉困难，只能说那是一种英文文字把戏。"需要大加思考以证明没有思考"（It required a good deal of thought to prove that there is no thought）这句话还较易翻译。有一次勃拉克小姐在师大演讲，提到未婚男人和未婚女人。中文的“婚”字，男子是“娶”，女子是“嫁”，我给翻拧了，成了“男不嫁、女不娶”。听众当然大笑，勃拉克莫名其妙，我只得小声对她说：“现在没时间解释，以后再告诉你。”和罗素讲演有关的一连串活动开始进行了。11月，蒋百里创刊《罗素月刊》，由瞿世英任编辑。不久，罗素赞助人之一的傅铜创立一个“罗素研究组”，第一次聚会是在“西方回国学生俱乐部”举行的，有时也在其他处所。

我既搬进城内和罗素住在一起，和我两位女医生朋友在森仁医院见面的机会更多。她们常请我吃涮羊肉，或在医院，或在附近的小馆。有一次罗素在师大演讲，我和杨大夫迟到了，罗素站在台上呆看着，毫无办法。看到我和女孩子进来，他低声对我说：“坏人，坏人！”照那时的发展情形看，我觉得我确知我爱谁，或开始爱谁。

…………

罗素大部分演讲是在北京，1921年3月，100里以南的保定（编者注：北平距保定名义上400里，至少350里）育德中学请他去演讲。附带在此一提，我曾到我儿时住过的元宝胡同和肩担胡同一观旧居。像通常一样，儿时到过的地方，时隔多年之后，现在看起来，至为矮小。尽管罗素思想激烈，在日常习惯上，他却是一个完全可尊敬的英国绅士。他在不生火的大礼堂讲演，一向坚持脱掉大衣。结果，他回到北京即发高烧，住进德国医院，由狄博尔（Dipper）大夫诊治。到了3月26日，左右两肺均发炎，身体极为虚弱，朋友们考虑请他签字委任状给勃拉克小姐，因为他们还未正式结婚。杜威（John Dewey）为他拟好草稿。他虽然虚弱，可是却颇清醒，口中喃喃而言，“委任状？”然后试着签字。医生恐怕他办不到（er kann nicht），可是他还是潦草地签了B. Russell。他仍然认得我，小声叫我“尺先生”（Mister Ch’）。他叫杜威的名字说：“我希望所有我的朋友不离开我。”翌日，艾瑟（Esser）大夫说罗素先生情况“更坏了”，但是杜威夫人则说鲁滨逊（Robinson）大夫不那么悲观。到了4月17日，他已无危险，5月3日已能接见访问者。同时伦敦报纸报道说罗素业已逝世。听到这个消息，他说：“告诉他们，我的死讯太过夸大其词。”他的健康恢复得很好，在回英国前，还作过若干次讲演，并参加几次盛大宴会。

（节选自赵元任著《从家乡到美国》）

罗素

在华演讲目录

1920年10月13日，《在上海七团体欢迎会上的答辞》，地点：上海大东旅社。

1920年10月15日，《社会改造原理》，地点：上海中国公学。

1920年10月16日，《教育之效用》，地点：上海江苏省教育会。

1920年10月19日，《教育问题》，地点：杭州浙江第一师范学校。

1920年10月20日，《在江苏省教育会招待会上的答辞》，地点：上海一品香饭店。

1920年10月21日，《爱因斯坦引力新说》，地点：南京中国科学社。

1920年10月26—27日，《布尔什维克与世界政治》，地点：长沙湖南省教育会。

1920年11月9日，《在讲学社欢迎会上的答辞》，地点：北京美术学校。

1920年11月7日—1921年1月，《哲学问题》，地点：北京大学；高等师范学校（1920年11月14日以后）。

1920年11月10日—1921年2月，《心之分析》，地点：北京大学。

1920年11月19日，《布尔什维克的思想》，地点：北京女子高等师范学校。

1920年12月10日，《未开发国之工业》，地点：北京中国社会政治学会。

1921年1月6日，《宗教的要素及其价值》，地点：北京哲学研究社。

1921年1—3月，《物之分析》，地点：北京大学。

1921年2—3月，《社会结构学》，地点：北京大学。

1921年3月，《数理逻辑》，地点：北京大学。

1921年3月14日，《教育问题》，地点：保定育德中学。

1921年7月6日，《中国到自由之路》，地点：北京教育部会场。

图书在版编目(CIP)数据

罗素：唤起少年中国／秦悦主编. —上海：上海辞书出版社，2014.7(2023.5 重印)
(亲历中国丛书)
ISBN 978-7-5326-4178-9

Ⅰ.①罗… Ⅱ.①秦… Ⅲ.①罗素,B.(1872—1970)-语录 Ⅳ.①B561.54

中国版本图书馆 CIP 数据核字(2014)第 103550 号

亲历中国丛书

罗素:唤起少年中国

秦 悦 主编

策划统筹 朱志凌 **篆 刻** 潘方尔
责任编辑 朱志凌 **封面设计** 零贰壹肆设计工作室
文字编辑 李婉青 **版式设计** 姜 明
技术编辑 楼微雯

出版发行 上海世纪出版集团
上海辞书出版社(www.cishu.com.cn)
地 址 上海市闵行区号景路 159 弄 B 座(邮政编码:201101)
印 刷 浙江经纬印业股份有限公司
开 本 787 毫米×1092 毫米 1/32
印 张 5.75 插页 4
字 数 105 000
版 次 2014 年 7 月第 1 版 2023 年 5 月第 2 次印刷
书 号 ISBN 978-7-5326-4178-9/K·968
定 价 42.00 元